가슴에 피는 꽃

서울시립서대문노인종합복지관
서초구립양재노인종합복지관

사화집

밀

국립중앙도서관 출판예정도서목록(CIP)

가슴에 피는 꽃 : 사화집 / 강귀복, 김성희, 도승준, 박원순
, 박천표, 안성자, 양정옥, 윤종선, 이근호, 이순자, 이재하
, 장영배, 허경균 [지음] ; 서초구립양재노인종합복지관, 서
울시립서대문노인종합복지관 [편]. -- [서울] : 밀레, 2014
p. ; cm

ISBN 978-89-97815-10-4 03810 : ₩12000

한국 현대시[韓國 現代詩]
한국 현대 수필[韓國現代隨筆]
문집[文集]

810.82-KDC5
895.708-DDC21 CIP2014030550

가슴에 피는 꽃

서울시립서대문노인종합복지관
서초구립 양재노인종합복지관

사화집

▌서문▐

지고지순(至高至純)한 삶의 환희와 애환을
뜨거운 가슴으로 엮어낸 노령의 청춘들
그 열정과 한(恨)의 노래가
행여 묻혀버릴까 두려워
곱게 곱게 단장하여 엮어 본다.

6080이란 세대
아직도 푸르른 청춘 못지않은 정열
이 시대의 자랑이며 로망이 아니던가.

자신의 삶의 철학과 역사를 남기려는
순수의 열정
그리고 그 넘치는 용기와 집념
참으로 아름답고 자랑스러워
세상의 빛으로 남겨두고 싶다.

2014년 10월
지도교수 정 찬 우

▌발간사▐

시립서대문노인종합복지관의 문학 활동의 중심이 되는 문학반 어르신들이 자랑스럽습니다. 적지 않은 나이에도 불구하고 창작의 열정을 불태우며 주옥같은 작품을 내시고, 문학에 대한 지치지 않는 열정을 가진 어르신들께 찬사를 보냅니다. 그리고 항상 복지관 어르신들을 위해 물심양면으로 도와주신 정찬우 선생님께 다시 한 번 감사를 드립니다.

어르신들의 경험과 아름다운 감성으로 쓰여진 글들을 통해 어르신들의 인생을 배우고, 지역사회에 신노년문화를 보여주는 좋은 계기가 되는 것 같습니다. 글을 쓴다는 것은 새로운 창작물을 만드는 것이기에 때론 엄청난 고뇌를 가져온다고 생각합니다. 문학 창작의 과정을 통하여 어르신들의 내면을 깊이 있게 통찰하고 인생을 돌아보고, 소통할 수 있었을 것이라고 생각됩니다.

앞으로도 문학반 활동이 더욱 활발하게 진행되어 우리 지역의 어르신들의 문학을 통하여 감성이 더욱 풍부해 지시기를 바랍니다. 다시 한 번 발간을 축하드리고 어르신들의 건강하고 활기찬 문학 활동을 기원합니다.

서울시립서대문노인종합복지관
관장 탁 우 상

▍축사▍

詩語가 사랑이 되어

"펜은 心腸의 지진계"라고 김승일 詩人이 말했습니다. 심장이 뛰는 살아있는 사람이라면 누구든지 시인이 될 수 있습니다. 그러나 진정한 시인은 "잎새에 이는 바람에도 괴로워하는" 스치는 인연도 소중히 여기는 사람인 듯합니다.

그런 의미에서 제가 만났던 여러분들은 진정한 詩人이 분명하십니다. 조그만 것에도 소녀와 소년 같은 감성으로 웃음을 보여주셨던 여러분! 亂痲처럼 얽힌 만만치 않은 요즘의 세태 속에서 지혜의 등대로 곁에 계신 여러분!

그 감성과 지혜를 詩로 형상화하여 玉稿를 보내주신 여러분 모두를 응원하고 사랑합니다. 특별히 지하철역 등 생활의 현장 속에서 時文化 확산을 위해 애쓰시고 시창작 회원 어르신 여러분에게 귀한 가르침으로 함께하신 정찬우 선생님의 수고와 노력에 깊은 감사를 드립니다.

선생님의 이 귀한 수고와 노력으로 아름다운 詩語들이 흐르고 있습니다. 이제 이 귀한 여러분의 심장에서 나오는 지진계가 움직일 때 詩語가 사랑이 되어 누군가가 그 사랑으로 더욱 풍성한 날이 될 것입니다. 건강하시고 행복하십시오.

서초구립양재노인종합복지관
관장 윤 호 종

▌축시▐

가슴에 피는 꽃

정 찬 우

깃털같이 가벼운 세월
때로는 암벽보다 더 무거운 삶을 살아온
생(生)의 찬미가
가슴 꽃으로 피어나고 있다

환희와 애환으로 얼룩진
한 생의 파노라마를 엮어
자신들의 역사를 남기려는
고귀한 정신들

여기, 그 화려하고 장엄한 모습들이
석류 알처럼 알알이 박혀
꽃으로 승화되어 활활 불타오르고 있다

젊음보다 더 큰 열정으로 빚은
삶의 철학들
이 시대의 자랑이며
미래의 지표가 아니던가

차례

차례

차례

차례

차례

차례

차례

차례

차례

허경균

강귀복

늦사랑/ 황혼/ 세월의 나이
청소/ 유치원 길/ 할머니
문학반 친구들/ 사랑도 능력이란다
운명/ 시상의 자리/ 후회

그리움 짙은 자락길에서
가을 찬미/ 후배의 여인
섬진강 그 희디 흰 달빛

| 서울 종로구 행촌동 통일로 12길 64-2
| HP. 010.4705.5953

늦사랑

삶의 끄트머리에
홀연히 찾아든 인연
운명인지 숙명인지 알 수 없으나
긴장과 떨림의 여운이
가슴을 친다

동화 속 산신령 같은
더부룩한 수염과 기다란 눈썹
휘둥그레 한 노을빛 눈망울이
파도를 타고 밀려온다

인생은 육십부터라 했든가
육신과 영혼의 간격
멀고도 가까운 것인지
이제야 알 것 같다

촛불이 타오르고 있다
천둥번개가 노을을 거두며
활활 화산꽃이 피어나고 있다

황혼

삶도, 인생도
사랑도 슬픔도 모르던 여자가
도심 한 복판에
외로움을 좌판에 늘어놓았다

쓸쓸함에 절은 세월들
볼수록 시들고 쳐져 있지만
그래도 들쳐보면
고를만한 추억들이 널려있다

팔까 말까
눈물겹게 가슴 타던 이야기들
꿈꾸는 초야의 마음처럼
울렁거리는 외로운 하루

기억 저편에
편린으로 곱게 물든 저녁놀
서럽도록 아름답다

세월의 나이

아침마다 드려다 본
거울 속 얼굴
푸석하고 찡그리며 주름 잡힌 모습에
절구통 되어버린 탐스런 몸매는

어느 사이 아줌마를 넘어
할망구가 되어 있네

세월이 바빠
빼저린 삶의 텃밭을 가꾸다가
힐긋 돌아본 정수리엔
흰 눈이 내려있네

팔다리 허리 통증
육갑이 돌고 돌아
육순이 넘어서니
헉헉대는 한숨소리
고비마다 힘겹네

청소

인생 끝자락에서 청소를 한다
구석마다 쌓인 먼지를 털고
쓸고 닦을 수 록 맑아지는 머리
아득한 날들이 추억으로 번지며
말끔히 다가선다

그 가슴 떨리는 첫사랑도
생살 베어내며 떠나가던
이별의 순간도
한갓 꿈같던 지난날
어느새 차오른 노을 속 인생이
등 뒤에 서있다

조용히 빗자루를 들고 조심조심
설은 눈물 자욱들을 쓸어낸다
버려야 하는 삶의 무게
잊어야 하는 숱한 추억들
밀어내고 닦아내며
또 다시 채우고 있는
이 화려한 백수의 가슴

유치원 길

선잠 깬 아이의 손을 잡고
유치원 버스를 기다린다
잠시도 긴장을 풀 수 없는
천방지축의 손녀딸

잠시 눈 돌리는 사이
뛰다가 넘어져 울음이 터져도
꽃보다 향기롭고 예쁜 것은
무슨 조화일까

노란색 버스엔 병아리들이 조잘조잘
새싹들의 눈 속엔 늘 반짝반짝
행복한 내가 들어있다

부웅, 손을 흔들며 떠나는 아이
멀어져 간 행운이 채 끝나기도 전
마음속 도화지엔
또 다른 기다림이 번지고 있다

할머니

할머니의 옛집엔
풀냄새 소똥냄새가 물씬 베어
노을이 섧도록 그리운 곳

백설이 내려앉은 머리엔
은비녀로 쪽지고
삼베적삼 젖은 땀에
깡마른 체구의 눈물겹던 그 모습

서산마루 노을 속에
그리움 한 조각 두둥실 떠오르면
할머님의 짙은 향이 풀섶에 베어
코끝에 맴돌고 있다

문학반 친구들

연륜이 모자라 뜨거운 가슴 다독이며
운명처럼 기다리던 세월
차오른 만월의 행복은
들뜸과 설레임이었다

기쁨은 잠시 안개 속에
그리움으로 번지고
두근두근 기웃거리다 열어 본 세상은
뜨거운 열기에 애송이 마음만 주눅 들어
열리지 않던 가슴
초롱초롱 노령의 눈빛들만 빛난다

얼마나 많은 세월의 옷깃이 스쳤을까
뜨겁다 못해 이글이글 타오르는 열정들
천길만길 깊어진 노을 속에 돛단배 하나
슬프도록 고운 인연들

근엄과 카리스마로 사랑을 쏟아 붓는
선생님의 마음이
촉촉한 가슴에 눈발로 휘날린다

아직은 겁 없이 타 오르기만 하는 갈증
이 목마름을 어찌 할거나
꿈으로 새겨진 이 화려한 가슴을

사랑도 능력이란다

만남이 인연이고 연애라면
홍수처럼 쏟아지는 연애에
사랑만 넘치는 시대

연애 한 번 못해 보면서 바람기만 많아
평생 감기처럼 앓으며 설레기만 한다

더 느즈막에나 찾아오려나
사랑 하나 건지려고
실바람 소리에도 가슴 뛰며 귀 기울인다

언제 오나
뉘엿뉘엿 서산마루에 지는 해
노을빛에 묶어놓고
기다리는 안타까움

사랑
아직도 끄지 못한 불같이
가슴에 담고 싶은 얼굴

욕심이 지나칠까
능력이 없는 걸까

운명

열일곱 솜털 같은 비릿한 나이에 결혼한 울 엄마
열아홉 풋풋한 풋사과로 날 낳으셨다

사랑이 뭔지 행복이 뭔지
층층시하 열 식구 맏며느리 여자의 길이라고
참고 견디시며 당신 딸 만큼은 늦게 결혼시킬 거라고
그래서 난 엄마보다 10년이나 늦은 나이에
동갑내기 남자와 결혼하고
엄마보다 10살 많은 나이에 첫딸을 낳았다

그리고 2년 텀으로 둘째 딸을 낳았다
세월이 흘러 둘째 딸은 나와 똑같은 나이에
어미가 자기를 낳은 병원에서 자기 딸을 낳고 입을 연다
'엄마, 인연인가 봐 우린'

사위와 딸은 운명처럼
달도 날도 똑같은 11월 8일생
울 엄마와 나 그리고 내 딸도 운명같이
3대가 모두 첫딸을 낳았다

시상의 자리

한 줄의 시를 쓰기 위해 고뇌하다
구름이 내려앉은 서녘 하늘에
노을이 토해내는 그리움 속으로 달려간다

그곳엔
한 움큼의 시간이 몰고 온
낯익은 얼굴이
한 다발 안개꽃으로 웃고 있다

이대로 그 안에 밀려들어가
갇혀진 추억의 문을 열고 들어서면
바람의 몸짓으로 다가오는 그대
그대가 쓸쓸히 하이얀 낮달로 떠내려간다

그리움이다
한 줄 시상 앞에 몸부림하는
끝나지 않은 설레임이
눈빛 사냥을 하며 화려한 외출을 준비한다

이슬이 내려앉은 자리에
시상이 떠오르는
해맑은 빛살로 영롱한 빛으로

후회

아무도 몰래
혼자만의 사랑으로 좋아만 할 걸
추적추적 낙엽으로 내리는 가을비 속에
깃을 세운 바바리코트의 뒷모습
뛰는 가슴 부둥켜안고
말문이 열리지 않는 두려움
세상이 하얗다

그대
생각으로만 스쳐도 떨리는 가슴
노을빛 언덕에 서서
몰래 몰래 혼자만의 사랑으로 남겨둘걸
가까이도 멀리도 하지 말고
그저 가슴 속에만 묻어두고
활활 모닥불만 지필 걸

그리움 짙은 자락길에서

한 지붕 두 가정을 이루며 손녀를 보느라 매일처럼 얼굴 맞대는 딸이 고맙다며 친구들과 점심이나 사드시라고 건네 준 배추잎 몇 장. 고된 직장생활에서 벌어드린 딸의 돈을 선뜻 받기가 민망하면서도 입이 벙그레 벌어져 좋아하며 받았다.

자식 키운 보람이 이런 것인가, 순간 행복이 밀물처럼 성큼 다가온다. 이른 새벽녘 아직 눈꺼풀이 감기는 시간에 일어나 집 앞 안산 자락 길을 돌고 오는 게 나의 일과가 되어버린 요즘, 날마다의 싱그러움에 빠져 다시 옛사랑에 취해간다.

마치 산과 연애를 하듯 자락길을 오르내리면서 느끼는 칠월의 푸르름은 스쳐간 지난날의 힘들었던 삶을 따뜻하게 위로해 주는 기분이랄까? 비록 젊은 날은 아픔 속에서 흔적 없이 사라졌지만 그 젊음의 둥지에서 자란 아이들은 무성한 숲처럼 자라 나를 에워싸 커다란 울타리로 나를 보호하고 있기 때문이다.

그래서 난 언제나 그리움 많은 가슴에 무지개를 만들고 꿈같이 아름다운 기억들을 포개며 삶의 언덕을 내려가는 지금, 행복한 미소를 짓는다. 행복은 누가 만들어 주는 게 아니라고, 스스로를 높은 자리에 앉히고 수많은 그리움의 텃밭에서 피어나는 꽃들의 향기를 맡는다.

생각하면 언제 한번 나를 위해 살아본 시간이 얼마나 있었는지, 작은 바람의 소리에도 소스라치게 놀라며 지나간 어제 앞에 끝없이 미안해하던 나. 토해내라 하면 토해낼까 싶은 시린 이야기가 오늘도 가슴 저 밑바닥에서 타고 오르는 스멀거림에 난 한 줄의 시를 읊어낸다.

이제는 어제보다 오늘에 더 충실하며 감사하는 생활로 가슴을 채우고 지친 기다림 보다는 다가오는 노을에 익숙해 가고 싶다. 내 모습은 점점 변해가도 마음은 더 아름다워지는 인생의 오후.

온 세상 그리움 다 끌어안고 물비늘 퍼덕이는 강가에서 달달하던 첫사랑에 빠지던 나는 아직도 안산 메타세콰이어 숲속에서 다이알 비누 냄새 물씬 풍기던 보고픈 얼굴을 그린다. 보고 싶다. 그리고 그리움이 폭포처럼 솟아오른다.

젊은 날 그때 그대로 밖에는 그려지지 않는 그 사람이 아련히 떠오르는 오후. 행복해 웃는 날도, 아파서 우는 날도, 그리움 사무쳐 우는 날도, 내겐 사랑이어서 늘 감사하다.

한순간 소설처럼 내게 행복과 아픔을 주었지만, 그 아픔마저도 사랑이어서 고마운 사람, 그 사랑이 있어 오늘 즐거움으로 자락길을 걷고 그리움 넘쳐나서 행복한 시간들을 품으며 산다면 늦으나마 삶의 재미와 행복이 솔솔 넘쳐나지 않은지...

오늘 새벽 그리움 이는 자락길에서 사랑하는 그 사람 냄새가 유난히도 짙게 드리운다.

가을 찬미

노을이 토해낸 선혈을 밟고 바람이 뿌려놓은 청색물감 질금 휘갑은 강물에 텀벙텀벙 빠지면서 오고 있는 너, 가을이구나! 어디에 숨어 있었기에 짙은 고독의 색깔로 괴로워하다 그리움 몇 조각 가슴에 품은 채 외로운 달빛처럼 울면서 가슴을 서늘하게 하는구나. 가을아! 마냥 부르고 싶은 이름아, 그냥 부르고만 있어도 눈물이 나는 너는 슬프리만치 아름다운 화가다.

물감이 없어도 붓이 없어도 형형색색 타는 가슴으로 황홀하게 하다 바람이 오는 또 다른 길목 신음소리를 내며 스러지는 넌 참으로 바람둥이다. 어디를 가나 너를 따르는 수많은 눈길들로 너는 목이 마르고 바람이 없는데도 마음을 흔드는 유혹은 미치게 너를 그리워하게 한다. 가을아! 하얀 도화지에 너를 그리며 붉은 옷을 입는다. 어쩌자고 어떻게 하려고 나를 끌어당기는지도 모르면서 너를 향해 젖어가는 내 눈빛엔 어느새 너를 닮아버린 어지럼증이 속울음으로 울고 있다.

가을아! 내 나이같이 안타까운 계절아. 알알이 익어 터지고 벌어져 고개 숙이고 떨어지는 떨림들이 사랑으로 울렁이는 아름다운 시절. 차가움이 번져 가면 갈수록 더해지는 연민이 너의 낯빛을 황홀하게 붉게 해주는 오후, 너를 향한 끝없는 찬사를 흔들림 없이 퍼부어 보내고 싶다. 너를 사랑하고 느껴온 수 십 년, 그때그때 마다 눈부심이 한다발 안개꽃으로 피오르는 계절 언제나 너는 변함없이 내게 왔어도 가슴엔 시린 바람이 일었다. 죽을 듯이 타다 사그라지는 모습이 애처로워도 너를 보는 행복감에 더 설레이는 나는 외로움을 묻어버린 가을 나그네로 떠돈다.

너는 나의 영원한 연인이다.

후배의 연인

"언니! 저녁에 뭐하우."

"뭐하긴 방콕하지."

"그럼 심심할 텐데 달구경이나 하게 나오지."

시간 맞추어 친정아버지 저녁식사를 꼬박꼬박 차려드려야 하는 사회후배가 뜬금없이 불러내 나간 곳은 지난 가을 휘영청 보름달이 밝던 독립공원에서였다. 오래 전에 남편과 이혼하고 아흔 살의 늙으신 아버지와 단둘이 사는 그녀는 성격이 매우 밝고 사랑이 넘치는 여자라고나 할까?

그날 밤 공원에는 그녀 말고 보름달만큼이나 넉넉해 보이고 이마가 훤한 아저씨라고 해야 할지 할아버지라고 해야 할지모를 남자와 함께 있었다. 남자는 간덩이도 크게 자칭 후배의 애인이라고 했다. 예순 아홉을 갓 넘긴 남자 그 분, 칠십이라는 숫자가 무안하리 만큼 젊으신 노신사였는데 목소리만 들으면 영락없는 젊은이라고 믿으리 만치 건장하고 멋있게 생기셨다. 성격도 화끈해서 쉰 살의 그녀를 보고 첫 눈에 반해 버렸다나.

그리고 보니 후배를 바라보는 그 분의 눈빛이 여간 예사롭지 않다. 설레임과 들뜸이 쉼 없이 묻어나는 미소, 보고 있으면서도 그리운 듯 바람이 이는 행복감, 나이가 느껴지지 않는 여유랄까. 3시간 여 동안 나는 그 분이 펼치는 행복론에 빠져 내가 갖은 행복의 숫자를 세어보며 틈틈이 두 사람의 눈빛 속에 엉키는 자연스러움을 발견했다. 그들은 자주 웃었다. 마치 오래된 친구같이 나이 차이를 느끼지 않는 편안함이었다고나 할까. 그 분의 허연 머리카락이 휘날리면 그녀는 쓸어 올려 드리고 얘기하다 기쁨이 넘치면 그 분은 손목을 잡고 어린 아이처럼 기뻐하며 그녀의 등을 두들겨 주기도 하면서 서로 음식을 입에 넣어주기도 하는 모습.

"아! 칠십이라는 나이에도 저리, 아름다운 황혼의 사랑을 할 수 있구나." 생각하며 나는 후배와 그 분에게 아낌없는 박수를 보냈다. 70이 넘은 나이에 무슨 자랑이냐며 주책이라고 생각했던 나의 편견을 깬 그날, 할 수 없을 거라고 믿었던 사랑의 에너지를 그 분에게서 보았다. 만난 지는 비록 5개월밖에 되지 않았다지만 50~60년을 함께한 부부처럼 정다웠다. 따라놓은 술잔에 황혼의 사랑이 넘쳐흐르면 서로가 멀리 돌아와 만난 늦은 귀가길 같은 바라봄이 있어 더욱 안쓰럽고 안타까워 시린 눈빛이 되어가는 두 사람은 그 분이 10여 년 전 못다 하고 보낸 사랑이 이제야 후배에게 봇물 터지듯 터지는 모양이다.

질투도 애교도 많으신 그 분. 하루에도 몇 번씩 전화로 메시지로 연락을 주고받으며 사랑을 확인한다니 점잖으신 노신사 말이 아니다. 일주일에 두어 번은 아직도 지방대 강단에 서신다는 그 분의 입술에서는 후배사랑 얘기가 마르지 않고 새어 나온다. 아마 강단에서도 저러시다 학생들의 얼굴이 그녀로 떠오르면 어쩌나 싶은 마음에 걱정도 들었다. 그런데 얼마 전 일이다.

우연히 후배와 마주쳤는데 얼굴이 몹시 야위어 보였다. 요즘 깨가 쏟아질 텐데 웬일인가 싶어 놀리듯 웃으며 "너 얼굴 왜 그래 너무 사랑해서 그래?" 했더니 그 덩치 큰 후배가 말도 없이 고개만 끄덕이며 "응" 한다. 심각한 모양이다. 눈물까지 글썽이며 그녀가 하는 말은 내겐 부러움이었다. 사연인즉 두 달 전에 아버지가 후배에게 느닷없이 선을 보라고 한단다. 재혼은 절대 안한다고 진작이 못도 박았지만 아버지 생각은 그렇지 않으셨는지 "아비 죽고 나면 어찌할래." 하시며 하도 강경하게 권유하셔서, 언제 돌아가실지 모를 아버지께 효도한다고 봤더라나.

나이는 후배보다 한 살 위인 52세이었고 아버지가 아직도 몸담고 계시는 학교 후배셨는데 3년 전에 병으로 아내를 잃은 홀아비더란다. 나이 치고는 많이 늙어 보이는 타입으로 썩 맘에는 안 들었지만 착하고 정직하게는 느껴지더라고. 그래서 후배는 사랑하는 그 분을 만나 자기 딴에는 솔직하게 말한다고 모조리다 말해 버렸는데 문제는 그때부터 그 환하던 얼굴에 미소가 살아지고 무엇을 생각하는지 허공만 바라봐 도통 어찌해야 할 줄을 모르겠더라고 그런데 그 와중에 속도 모르는 선본 남자는 후배가 마음에 들었는지 자꾸만 만나자고 연락이 온다나.

"행복이 넝쿨째 들어오네." 했더니 "언니 지옥이야." 한다.

아흔을 넘긴 아버지는 부쩍 재혼을 서두르라 하고 70넘은 그 분은 세월이 새삼 원망스러운지 한숨만 쉬어 사랑과 효도의 갈림길에서 헤매고 있다고. 후배의 그 분이 가슴 저리게 다가온다. 사랑하는 사람을 보내야 할지. 잡아야 할지. 10년만 젊었어도 안 보낼 수 있다는 말에는 후배도 가슴이 아프더라고. 사랑은 어떤 역경도 어려움도 다 넘을 수 있다고들 하면서도 막상 현실에 부딪치면 모두가 현실 속으로만 빠져들어 간다.

그 분은 건강하고 능력 있다. 그럼에도 20년의 세월을 끌어당기기에는 버거우신지 분명 사랑은 젊은이들만 하는 공유물이 아닌데도 70의 사랑에 밀려 나는 이유는 세상의 편견 때문이리라. 사랑한다는데 누가 말리랴. 나이 들어 하는 애틋한 사랑하나 품고 싶은 마음은 누구에게나 간절할 것이다. 힘이 되고 위로가 되고 의지가 되는 눈빛 밝은 황혼의 사랑. 몸도 마음도 건강만 하다면 이 가을엔 나도 불타는 사랑하나 가슴에 채우고 싶다.

섬진강 그 희디 흰 달빛

진자주빛 칡꽃 향기가 유난히도 코끝을 벌렁이게 하던 강원도 양구 팔랑리 계곡마을 아침은 말복을 앞둔 매미들의 아우성으로 눈을 뜨게 한다. 마을 들판에 출렁이는 초록색 벼이삭. 논고랑 사이를 살랑거리며 흐르는 물소리, 팔랑개비처럼 머리 위를 뱅뱅 돌며 나는 고추잠자리. 구름이 손에 잡힐 듯 멀지도 가깝지도 않은 대암산 중턱을 사다리도 없이 오르락내리락하는 정경은 아무리 바라보고 있어도 싫증이 나지 않는다.

그 때문일까. 지금은 돌이킬 수 없는 과거 속에 묻혀 버린 옛 새각시적 추석명절이 생각난다. 꼭 30년 전 일이다. 꿈 많던 스물네 살에 난 직장 동료로 만난 동갑나기 아이들의 아빠와 결혼했다. 시골 출신에 가난한 살림살이, 홀어머니에 외아들 무엇 하나 내세울 것 없는 그였지만 행복하게 해주겠다는 말 한마디에 부모님의 모진 반대를 무릅쓰고 시작한 1975년 그해 4월의 신혼생활은 논 팔아 마련한 25만 원짜리 전세방 한 칸에 부엌 하나, 혼수로 마련해간 티크 장롱에 화장대 하나가 전부였다. 그래도 행복하기만 했던 것은 젊음과 사랑이 있었기 때문이었다고 할까.

위로는 누나가 한분 있었지만 이미 결혼한 후였고 아래로 유복녀나 다름없는 시누이가 있었는데 그녀는 올케 알기를 몸종쯤으로 생각하는지 그녀가 집에 오면 사사건건 다툼이 많았다. 게다가 시어머닌 우물가에서 숭늉 달랜다고 결혼한 지 한 달이 지나기 무섭게 손주 타령까지 했으니 사랑은 했지만 아픔 또한 많았다. 난 반대하시던 친정엄마 때문에라도 보란 듯이 잘 살아보고 싶어 얼마나 노력을 했는지. 그런데도 시어머니, 시누이는 단칸방에 번갈아 오가며 대접만 받으려해 달콤할 것 같았던 신혼의 꿈은 깨어져만 갔다.

그러던 그해 첫 추석 명절이 다가왔다. 시골에서 연락이 왔는데 어머닌 추석 일주일 전에 내려오라시며 더더욱 놀라운 것은 한 보름 머물 계획을 하고 오라는 것이다. 뜻인즉 시아버지 제사가 추석 일주일 후에 있으니 제사까지 지내고 기다리던 아이까지 가졌으니 편히 쉬었다가 가라는 거란다. 난 얘기를 듣고부터 그이도 없이 혼자 떨어져 시어머니와 시누랑 함께 있을 생각을 하니 아득하기만 했다. 그러나 어쩌랴. 거역할 수도 없고 결혼 5개월 만에 갖게 된 첫 아이 입덧도 그리 심하지도 않아 핑계 댈 이유도 없었다.

더구나 시집은 기차를 타고 가는 곳이라 안전하다고 그이는 부추기까지 했다. 그러나 혼자 덜렁 미리 떠날 생각을 하니 어린 아이처럼 나는 눈물이 났다. 그 다음날로 서울역을 출발했다.

그이 고향은 지리산 끝자락을 감싸 안은 듯한 섬진강 줄기 전라남도 곡성이다. 서울에서 기차를 타고 반나절을 달려서야 빼죽이 얼굴을 내미는 허름한 간이역 같은 곡성역은 위로는 큰 남원역이 있고 아래로는 구례역에 샌드위치처럼 끼어있어 강줄기와 들판이 아름다운 고장이다. 오전에 탄 기차는 오후 세시쯤에서야 곡성역에 도착했다. 역에 내리니 싸한 바람이 온 몸에 스며들어 왔다. 혼자라는 것 말고는 아무것도 변한 것이 없는데 처음 오는 듯 낯설기도 하고 설운 마음이 느껴지기도 했다. 그토록 낭만스럽게 보여지던 벌판도 외로움에 떠는 듯 익어가는 벼 이삭이 무거워보였고 들판을 가로질러 마을로 들어가는 울퉁불퉁한 자갈 신작로도 힘겹게만 느껴졌다.

난 역에서 택시를 탈까 망설이다가 속이 편치 않아 십리쯤이나 되는 길을 걸어가기로 결심하고 걸으니 대평리 누런 벌판이 바람에 출렁거리는 것 같았다. 얼마나 걸었을까 해질녘이 되어서야 마을 어귀에 들었다. 마을 어른들이 먼저 알아보고 "아이고 옥산댁네 서울댁 새각시 명절 지내로 오네." 하며 반가이 맞아 주기도 한다. 그러나 그때 그 말이 어찌나 어색하고 듣기 거북하던지 제발 '서울댁 서울댁' 하고 안 불러주었으면 했다. 서울에서 초중고를 나와 직장만 다니다 시집 온 나로서는 시골이 그리 싫지만은 않았지만 그 '댁' 자를 붙여 부르는 이름이 싫었다.

시어머닌 무척 반가워했다. 무엇보다도 당신의 손주를 잉태했다는 의미에서인지 '몸은 괜찮냐, 입덧은 심하냐, 뭐 먹고 싶은 거 있으면 말해라.' 하시며 이것저것 챙겨주시기도 하고 참으로 오랜만의 경사라고... 그렇게도 좋으신지 펄펄 날아다니신다. 대우도 달라졌다. 자식이 뭔지 그때는 나도 잘 몰랐지만 지금에야 알 것 같은 시어머니의 마음. 어머닌 며느리 맞고 처음 오는 명절이라고 특별히 잘 하지도 않던 귀한 음식까지도 준비하느라 분주하셨다.

그런데 난 힘이 들기만 했다. 말씀은 귀한 아이를 가졌다는 벼슬 같은 이유로 편한 일만 거들게 했지만 그이 없는 시집은 불편하기만 하고 낯설었다. '이거 먹어라, 저거 먹어봐라, 오래 푹 쉬어가라.' 해도 시집은 시집인지라 아침에 눈 뜨면 바로 몇 집 건너 한동네에 사시는 큰집 시할머니, 큰아버지, 큰어머니께 문안 인사드리고 점심 저녁은 이집 저집에서 옥산댁네 경사 났다고 초대를 해서 시어머니와 대접을 받으러 다녔다. 그 동네는 새 며느리들이 들어오면 돌아가면서 초대해 밥을 먹이는 게 전례라고 했다. 하루해가 얼마나 짧은 지 어느새 만삭이 된 무거운 달을 이고 돌아오면 창호지 문틈으로 달빛이 새어든다.

명절 바로 전날 저녁 무렵에서야 서울에서 그이가 왔다. 어머닌 나보다 먼저 버선발로 뛰어 가더니 흰 고무신을 질질 끌고 아들을 맞고 난 반가운데도 어머니 때문에 엉거주춤 마루에서 비식이 웃으며 맞았다. 그이와 잠깐 눈빛이 마주치자 반가움의 눈물이 핑 돌았다. 그런 내 마음을 그인 아는지 모르는지 어머니와 뜨거운 상봉을 하고는 곧장 큰 집으로 인사하러 갔다. 난 방으로 들어가 웬지 모를 서운함에 그러면서도 그이가 왔다는 행복감에 들떠 있었다. 그런데 아무리 기다려도 그인 오지 않았다. 애써 서운함을 달래고 있는데 그이가 친구들한테 붙잡혀서 늦었다며 들어왔다. 그런데 이번엔 시어머니가 아들을 붙잡고 놔 주지를 않는다. 무슨 얘기가 그렇게 많으신지 만리장성이다. 난 기다리다 지쳐 잠이 들었다. 얼마나 곤하게 잤을까? 그이가 흔들어 일어나니 세숫대야만큼이나 커진 보름달이 문밖을 서성이고 있다.

"섬진강에 가자, 업어줄게."

그 밤중에 난 귀신에 홀린 듯이 그이 등에 업혀 섬진강엘 갔다. 달빛이 머리위로 졸졸 따라온다. 섬진강은 물이 그리 많지는 않았다. 그이와 난 달빛 내리는 모래사장에 앉아 그이가 들려주는 어릴적 얘기에 밤새는 줄 몰랐다. 아마 그때 한 얘기들이 아직도 귀에 총총이 들려오는 것은 그리움인지.

추석 아침이 되자 푸석한 얼굴로 일어나는 나를 그가 안쓰러운지 등을 토닥거려주던 모습은 아직도 가슴에 남아 가끔은 나를 설레게 한다. 보고 싶다. 섬진강 그 고운 모래 위에 뿌려지던 잔잔한 음성이 느끼고 싶고 "미안해 혼자 가서." 하며 추석을 보내고 먼저 가던 그이의 뒷모습을 다시 보고 싶다. 해마다 추석 명절은 다가오고 그때처럼 둥근 달도 뜬다. 그러나 내 그 사람은 어디에서나 찾을지 어김없이 다가오는 명절은 어쩔까마는 그래도 명절이 오면 그가 가슴에 둥근달처럼 뜬다.

올해도 여전히 저 지독하게 울어대는 매미 소리가 그치면 추석 명절이 오고 섬진강 그 희디 흰 모래 위에도 또 달이 뜨겠지. 뜨는 달은 눈을 감으면 지울 수 있지만 가슴에 뜨는 달은 지울 수 없는 아픔에 올해도 가고 없는 그가 그립기만하다.

김성희

미풍양속/ 어른이 된다는 것
가을속의 나/ 맏며느리의 권리
나는 남편바보

▮ 서울 서대문구 냉천동 동부센트레빌Ⓐ 102-1403
▮ HP. 010.3252.5388

미풍양속

세상엔 어느 나라 사람이건 각자가 갖는 문화 속에 존재한 미풍양속이 있기 마련이다. 그러기에 인간은 생각하는 동물이요. 감각과 깨달음을 느끼고 갖는 동물이라고 한다.

그러나 요즘 우리 사회에서는 그러한 미풍양속을 찾아보기가 쉽지 않다고 한다. 왜일까? 생각할수록 아이러니한 이야기 같다.

세상은 분명 과거에 비하여 풍부해졌고 편리성과 안락함으로 삶의 질이 높아졌다. 그럼에도 불구하고 사람과 사람들과의 정과 사랑, 믿음과 신뢰, 존경과 도덕은 땅에 떨어지다 못해 아예 매 말라버린 것은 아닌가 싶다. 모든 것이 자기중심적인 이기주의의 만연 속에 돈과 명예와 권력에만 집착하는 사회가 되다보니 타인을 배려하고 이해하려는 생각은 점점 약해져 버린 문화가 된 것 같다.

과연 이러한 현실이 언제부터 이렇게 되었을까. 자본주의의 현실일까 아니면 초고속 성장의 자본주의 병폐일까 그것도 아니라면 교육의 문제일까? 의문에 의문이 꼬리를 물고 일어난다.

우리 사회는 5.16 직후 새마을 운동으로부터 시작된 '잘 살아 보세'의 구호를 거쳐 '둘만 낳아 잘 키우자'는 산아제한 세대를 거쳐 '하나만 낳아 훌륭히 키우자'는 정부 정책과 시대의 흐름이 물질적으로는 풍부해 졌지만 결국 가정교육과 학교교육은 문제점으로 남아 어른도 조상도 예의도 도덕도 몰락해 버린 오늘날의 사회적 현실이 되고 만 것이 아닌가 싶기도 하다.

이러한 세대를 살아가는 우리 시대의 비애와 참혹한 현실이 안쓰럽고 안타깝다.

며칠 전 우리 집에는 시 할머님의 제삿날이 돌아왔다. 마침 며느리는 일손이 모자란 시 아버님의 회사에서 일을 돕고 있었다. 그러나 전문적인 분야에 대해서는 아무래도 실력과 경험이 부족하여 학원에라도 다니며 배워보겠다고 등록을 하였단다. 그런데 마침 학원의 첫 수업 날이 공교롭게도 시 할머님 제삿날이 되고 말았다. 며늘아기는 그 사실을 알고는 곤란한 표정으로 나에게 와서는 어쩌면 좋겠냐고 걱정을 하고 있었다. 그리하여 시 할머님 제사에 고모를 일찍 오시라고 할 테니까 손자며느리인 너는 아무 걱정 하지 말라고 안심 시키고는 출근을 시켰다.

손아래 동서들도 노는 사람들이 아니어서 저녁 늦게 올 수 밖에 없는 상황이기에 어쩔 수 없이 멀리 사는 효심이 지극한 시누이의 도움을 받아 제사 준비를 마칠 수 있게 되었다.

드디어, 밤늦게 오랜만에 모인 온 가족들이 모여 제사를 모실 수 있었다. 한쪽에서는 가족들이 모여 놀이며 이야기꽃을 피우는가 하면 다른 한쪽에서는 며느리와 시누이 동서들이 설거지를 비롯한 뒷일에 열중하고 있는 모습에서 가족들 간의 애틋하고 화목한 사랑과 우애를 느낄 수 있었다. 어쩜 이 시대의 나의 삶이 참으로 아름답고 느긋한 행복감에 빠져든다는 생각까지 하게 된다.

요즘 젊은 주부들이 모이면 시 월드, 시 월드하고 명절 증후군이 다 뭐다 하며 떠들어 대지만, 나의 생각은 젊은이들의 생각과는 조금 다르다. 요즘처럼 바쁜 세상에 몇 명 안 되는 가족끼리도 함께 모여 식사하는 시간이 쉽지 않다고들 한다. 그러니 가족 간의 대화의 단절이 있을 수밖에 없으며 정과 사랑을 느끼고 나눌 수 있는 시간이 부족 하다고 느껴지기에 나는 그것이 참으로 안타깝고 애석한 일이라고 생각이 된다.

그리하여 나는 조상님들이 물려주신 명절들과 제삿날이 그렇게 아름답고 소중한 것이라 생각되기에 다소 힘들게 느껴질 때도 없는 것은 아니지만 며느리의 본분을 다하여 즐거운 마음으로 선조님들의 슬기와 지혜가 담긴 이 아름다운 풍습이며 미풍양속들을 내 손으로 이어받아 다음 자손에게 물려 줄 수 있는 가교 역할이 될 수 있다면 그것도 내가 할 수 있는 보람이라고 생각되기에 나는 오늘도 열심히 즐거운 마음으로 본분을 수행하고 있다.

그러기 위해서도 나는 가족과 친지들을 위하여 약간의 희생은 희생이 아니고 며느리이자 어머니의 본분이라 생각하며 기꺼이 감수하고 싶다. 우리나라 어머니들은 자식들을 위하는 일이라면 어떠한 희생도 마다하지 않는 강인함을 가지고 있다.

그러기에 나는 믿는다. 모든 어머니들이 다른 것은 자손들에게 물려 줄 수 없다 해도 이 아름다운 미풍양속의 정과 사랑 나눔만큼은 오롯이 지속되기를 바라고 그래서 오래도록 후손들이 모여 오순도순 정을 나누며 돈독한 사랑을 베풀고 살아갈 수 있다면 얼마나 아름답고 자랑스러운 이 나라의 미래가 될 것임을 모두가 믿어 의심치 않으리라 믿고 싶다.

어린 시절의 우리들에게는 명절이나 제사 등 큰일들이 얼마나 손꼽아 기다려지는 가슴 두근거림이 있었던가! 그 아름다운 추억들을 언제 까지나 우리 자손들에게도 똑같이 물려주고 싶다는 것이 나만의 생각은 아닐 것이다. 설, 추석 명절 때마다 고속도로가 거대한 주차장을 연상케 하며 밀리는 것을 보면 아직도 우리나라는 아름다운 미풍양속이 살아 숨 쉬는 곳임을 알기에 우리 민족 모두는 자랑스러운 긍지와 자부심을 가져도 될 것 같다.

우리의 주부와 어머니들은 모두가 현명하기에 꼭 튼실하고 밝은 미래를 이루어 내리라 믿어 의심치 않는다.

어른이 된다는 것

지금 생각해 보면 그때만 해도 지금에 비해 얼마나 풋풋한 때였던가 싶다. 결혼 후 첫 아이를 가진 기쁨에 젖어 있는 동안 어느새 10개월이란 시간이 지나 2.6kg의 체중인 큰 아들이 태어났다. 겨우 인큐베이터의 신세를 면한 아들은 무럭무럭 자라나 어느덧 걸출한 대장부가 되었다. 대학을 나와 6개월 군복무를 마친 아들은 26세에 모 국영기업체에 취직했다.

그러던 어느 날 우리 부부에게 갑작스런 선전포가가 날아들었다. 아들은 결혼하고 싶다는 것이었다. 아직 나이도 어려 아무런 마음의 준비도 안 된 상태에서 뜻하지 않는 소식에 여간 당혹스럽지 않을 수 없었다. 아들은 2년 후배인 아가씨와 사귀고 있었던 모양이었다. 신부 감은 KAL스튜어디스로 기품 있는 아름다움을 지닌 아가씨였다. 소위 말하는 C.C라고 하는 캠퍼스 커플로 사귀고 있었기에 그리도 빨리 결혼 하고 싶었나 보다.

나는 겉으론 태연한척 했지만 마음속으로는 당혹스럽고 어찌할 바를 몰랐다. 이제까지 태어나서 수십 년간을 딸로, 며느리로, 자식으로만 살아 왔었기에 새삼스럽게 어른이 되고 시어머니가 된다는 중압감에 어찌 당황스럽지 않을 수 있겠는가. 하지만 어찌 하겠는가. 내가 해야 할 일이기에 당황함 속에서도 이곳저곳 알아보고 계획을 세운 후에 당혹스러운 속마음을 감춘 채 안 사돈을 마주하고 앉았다. 안사돈은 나보다도 6살이나 더 젊으셨으니 얼마나 더 당황스러웠을까, 하지만 아무런 내색 없이 점잖으신 분이었고 말씀도 없는 편이었다.

당시에는 혼수예단 문제로 때로 사회에 물의를 일으키기도 하던 때였지만 나는 그런 문제에 안 좋은 시각을 갖고 있던 때여서 우리는 그렇게 하지 않으리라 마음먹었었다. 마침 우리 집이 신랑 집인 관계로 부담 없이 조건을 말 할 수가 있었다. 아무조건 없음에 안사돈은 혹시나 S대학 졸업한 우리 작은아들 며느리가 예물을 많이 해오면 당신의 딸과 비교 당하지 않을까를 걱정했다. 그래서 아픈 손이 더 시린 법이지요 그러니 그런 걱정은 하지 마세요! 하고는 계획 했던 대로 동대문 시장엘 같이 나갔다. 친구의 소개를 받은 집에서 예쁜 한복 한 벌씩을 나누어 해 입었다. 나는 엷은 은박 무늬가 찍힌 연한 연두색 한복으로, 신부 엄마는 역시 엷은 은박 무늬가 찍힌 핑크색으로 해 입었는데 우리의 한복은 너무도 우아하고 아름다웠다. 그리고는 아들 며느리 한복 서로 해 입히고 양쪽 아버지 양복 서로 해 드리기로 하고 예단을 끝맺었다. 후에 신부가 군복무중인 시동생 양복도 한 벌 해 주었다.

결혼식 날 양쪽 사돈이 나란히 손잡고 입장 했을 때 아름답고 우아한 화목한 그 모습에 하객들이 최고의 찬사를 아끼지 않고 전화들을 해주었다. 후에 작은아들 결혼 시킬 때도 안사돈이 나의 두루마기라도 해 주겠다는 것을 한사코 뿌리쳤다. 입을 일도 별로 없는 비싼 옷을 장롱 속에서 굴러다니게 할 필요가 없어서였다.

큰 애들은 서로 커플반지를 하겠다고 벌써 맞추어 놓았지만 나는 내 며늘아기에게 만은 남부럽지 않게 해 주고 싶어 정성껏 화장품 세트와 예쁜 패물 세트 들을 해 주었다. 그것도 한때인데 그것이 그날의 신부에게는 크나큰 행복이 아니겠는가. 신부는 받는 기쁨이 있을 것이고 나는 주는 즐거움과 행복이 있었다. 그렇게 해서 치러진 결혼, 그날의 신랑 신부 한 쌍은 너무도 아름답고 예뻤다.

이제까지의 모든 부모들이 자식을 위해 기울였던 온갖 정성과 노력은 앞으로 그 애들을 잘 살게 하기 위한 굳건 한 터전을 만들어주기 위한 튼튼한 기초 공사를 해 준 것이라 생각한다. 그렇게 온갖 정성을 다 들여 키운 아들과 딸들이 결혼을 해서 단란한 가정을 이루고 독립된 개체로 살아가기 까지 부모는 옆에서 조용히 지켜보면 될 것이라 생각한다. 결혼식이 끝나고 나니 무거운 짐을 내려놓은 듯 양쪽 두 어깨가 홀가분하고 가벼웠다. 이제까지 키운 내 아들을 며느리에게 분양 시켜 주었다고 생각했기 때문이다. 지금도 아들 며느리 손주들의 행복한 모습을 보면 내 양팔 벌린 울타리 안에서 평화롭게 모이를 쪼아 먹는 어미 아비 닭들과 병아리 같이 생각되어 마냥 마음이 흐뭇하고 행복하다.

자식은 물질적인 효도보다 그 자신들이 말썽 없고 건강하게 잘 살아주면 그것이 효도라고 생각한다. 내가 아들보다도 더 며느리를 아끼고 사랑하는 것은 그것도 내 아들을 사랑하기 때문이다. 만일 내가 며느리의 마음을 불편하게 해 준다면 그 불편한 마음이 어디로 가겠는가, 그 불편함이 아들에게로 가고, 그래서 그 불편함 들은 그 가정을 밝고 건강하게 할 수가 없기 때문이다.

아들은 항상 부모로 인한 미안함이나 그로 인해서 어깨를 움츠려야 할 일은 없었다. 그렇게 해서 행복하게 사는 모습을 보면 그것이 어찌 나만의 행복이겠는가. 그것을 보는 양쪽 부모 모두의 행복일 것이다. 그것이 부모가 자식에게 해 주어야 할 당연한 배려이고 사랑이라고 생각되어진다.

예전에 나는 생각 했었다. 누구나 모두 온전한 인격체로 살려고 발 돋음 하지만 때로 본의 아니게 나의 무심한 말 한마디가 상대방에게 상처 주는 말을 할 수가 있다. 나도 혹 그런 일은 없었을까 생각해 본다, 그러나 지내놓고 보면 아무리 나 자신이 남에게 피해를 끼치지 않고 살겠다고 생각하지만 그래도 시행착오를 겪을 수가있다. 젊을수록 더욱 그렇지만, 세월을 이만큼 지나고 나서야 그것을 더욱 깨닫게 된다. 나도 며느리도 다 그럴 것이다.

하지만 나는 훨씬 많은 세월을 살아 왔기에 나무로 말하면 고목나무라 생각되어진다. 고목나무는 쩍쩍 갈라진 나무표피를 설사 손으로 떼어낸다 해도 그 아픈 고통을 잘 모르겠지만 하지만 젊어서 파랗게 물오른 나무줄기는 그 나무껍질을 벗겨 낸다고 했을 때 얼마나 살점 찢어지는 아픔과 고통을 느낄 것인가, 그러기에 시행착오를 겪을 젊은이들에게는 혹 잘못 된 실수가 있다 해도 그것은 성장을 위한 교육 과정이라고 생각한다면 그것도 필요한 것이기에 젊은이들에게 생살 찢는 고통은 가능한 한 주지 않아야 된다고 생각한다. 그것이 이만큼 세월을 살아온 어른들이 젊은이들에게 베풀어야할 배려와 사랑이라고 생각 한다. 나도 노력 하면서 살아온다고 생각 했지만 때로 마음을 다치게 했을 수도 있을 것이다.

하지만 그러면서 젊은 사람들도 세월을 따라 어른으로 성숙해 갈 것이다. 성숙 되어진 것이 없는 나 자신이지만 더불어 살면서 배우고 또 배우며 젊은 사람들 말에도 귀 기울이는 어른으로 살아가고 싶다.

가을속의 나

캐나다에 있는 친구한테서 전화가 걸려왔다. 캐나다에는 지금 가을이 아름답게 물들고 있다고 한다. 너는 지금 어떻게 지내느냐고!

항상 가을을 혹독하게 치루고 있는 나를 알고 있기에 친구가 안부 전화를 한 것이다. 입추가 지났지만 아직 여름의 잔해가 남아 미적 거리고 있는 가을!

추석 다음날인 오늘 몇 달 만에 안산 산책로를 따라 걸어 보았더니 아직도 산 빛은 푸르기만 하다, 아직도 가을은 더 기다려야만 하나보다. 나는 항상 가을이 오는 그 첫날을 알고 있다고 말해 왔는데, 내 마음 속에도 가을이 아직 온 것을 모르겠다.

가을의 첫날은 긴 장마가 끝나고 나면 하늘은 드높이 파랗게 활짝 열리고, 엷은 햇살이 비스듬히 땅에 떨어지고 맑은 바람 한 자락 내 옷깃을 휘어감을 때면 가을이 온 것을 느낀다. 이때부터 나의 가을앓이는 시작된다. 몇 년 전 어느 가을날 사철 즐겁기만 한 친구가 힘들다는 나를 보며 가을이 어떻기에 그러느냐고 물어왔다. 그래서 대답해 주었다. 가을에는 가슴이 뻥~ 뚫리고 그리로 바람이 들락~날락 한다고! 그런 때의 나는 몸을 가눌 수도 없고 지탱하기조차 힘들어 폭포수처럼 흘러내리는 눈물을 가슴으로 참아내며, 그렇게 휘청대며 온 가을을 버텨내곤 한다. 청승맞은 내 꼴!

만약 내가 남자였다면 이렇게 청승떠는 여자를 재수 없다고 꼴도 보기 싫다고 했을 것이다. 고마운 내 남편! 이런 나를 아무 말 없이 묵묵히 옆에서 지켜주니 말이다. 그런데 그렇게 힘들고 슬퍼하는 가을을 무엇이라서 또 그리도 그리워하는가! 아이러니고 이율배반이다. 그렇게도 그 가을이 좋기에 나는 내 생을 마감할 때도 가을에 떠날 것이라고 했다.

평소 추운 것을 몹시 싫어하기에 춥지 않은 가을에 가리라 생각했고 곰곰이 생각해낸 것이 9월 5일이면 춥지도 않고 하늘은 파랗게 열리고 단풍도 있으리라 생각하고서는 살금살금 큰 며느리에게 다가가 자랑스럽게 대단한 발견이라도 한 것인 양 말했다. 얘, 나 이다음 죽을 때 9월 5일에 죽을 것이야! 어머니 왜 하필 제 생일날 돌아가신다고 하세요? 아참 미안! 미안! 나는 내 생각에 취하다 보니 그런 것도 미처 생각지 못했다. 아직 큰 며느리가 들어 온지 오래 되지 않았고 내가 한 생각에 꽂히다 보니 저지른 실수라고 쓴웃음 짓는다.

그런데 새로 결혼한 작은 며느리 생일은 또 9월 17일이다. 어쩌랴 그래 10월로 정하자, 죽어서 화장하면 뼈 가루로 묻힐 텐데 뭐 그리 춥겠는가. 10월이면 가을도 깊어 나무에는 단풍이 풍성하고 땅위에도 낙엽이 풍성하게 쌓인 그 계절에 나는 수목 장으로 낙엽에 뿌려 달라고 할 것이다. 그렇게 생각하고 나니 큰일이나 하고 난 듯 홀가분하고 마음이 기쁘다. 그렇게 그 가을에 행복하게 떠나고 싶을 만큼 나는 가을을 사랑한다.

그래도 이젠 감정이 무뎌진 나! 2년전부터 인가 나의 가을앓이는 꽤 지낼 만 한 것으로 변했다. 나는 그것이 너무도 고맙고 감사하다. 이젠 가을을 아름다운 것으로 즐기기만 하면 될 것 같다. 나이를 먹으니 이렇게 편하고 좋은 것도 있다는 것이 얼마나 감사하고 좋은지 모르겠다. 그 아름다운 계절에 나를 부끄럽게 하는 것들이 또 있으니 어찌 말을 안 할 수가 있을까!

아파트 단지 내 조그만 오솔길과 오고가는 길옆으로 철철이 피는 꽃과 열매들, 우리를 즐겁게 해주고 우리의 잠자는 감성을 일깨워 주지만 그것이 또 나를 부끄럽게 만들곤 한다. 한갓 식물에 불과한 저 나무들도 말없이 자기의 본분을 다하며 때맞추어 꽃피고 열매를 키워 가을에 결실을 맺는데 만물의 영장이라고 하는 인간이라는 나는 무엇을 하고 있다는 것인지, 세월을 설렁 설렁 보내고 있는 내가 심히 부끄러워지고 고개를 못 들게 만든다. 그 천금 같은 시간 들을 무위도식 하고 있는 것 같아서다.

조금 있으면 저 탐스러운 감나무들도 빨갛게 얼굴을 붉히기 시작할 것이다. 정녕 얼굴을 붉혀야 할 것은 내 자신인 것을.....

맏며느리의 권리

건강하고 호탕하신 성격에 잘 생기시기 까지 하신 우리 아버님은 이상하게도 설악산에만 가시면 병이 나곤 하신다. 어느 해인가 두 번째로 무심히 설악산을 모시고 갔었는데 그 때는 장출혈이 있어 급히 서울에 와 병원에 입원 하시는 일이 생겼다. 그때 옆 침대에는 아버님 보다 2살 아래이신 노인 한분이 입원해 계셨다.

그 분은 주름진 얼굴 가득히 웃으시며 농사지어 4남매 중 아들 셋을 모두 대학졸업 시켰다며 아주 흐뭇하고 자랑스러워하고 계셨다. 고등학교 선생님인 큰 아들은 퇴근하면 아버지 옆에서 말없이 기저귀를 갈아드리며 지극 정성을 다 쏟는 효자였다. 나 보다 한 살 위인 큰 며느리는 너무도 어두운 얼굴로 와서는 벽면의 라지에타에 몸을 기대고 서 있다가 말없이 가곤 하는 것이었다.

나중에 알고 보니 큰 아들은 딸 세자매만 있는 그 며느리 집에서 가정교사를 했었다고 한다. 그 중에서 큰 딸과 결혼했던 것이다. 그녀는 나 같으면 차마 못했을 말들을 스스럼없이 하는 그 솔직함이 대단하게 느껴졌다. 그 솔직함에 당황했고 그렇지 못한 내가 이중성격자인가 곰곰이 생각해 보기도 했다. 사이가 각별한 시부모님들은 병든 시어머님을 간호 하시다가 시아버님이 병이 나셔서 쓰러지신 것이었다. 혼자계신 시어머님을 우선 따님 댁에 모신 것을 시아버님의 성화에 겨우 큰 아드님 댁에 모시긴 했지만 이제 편찮으신 시아버님의 문제도 있고 해서 전전긍긍 어찌할 바를 몰라 하고 있었다.

그녀 말이 둘째 시동생이 아주 부유하게 잘 산다고 했다. 그래서 내가 말했었다. 가족회의를 여세요, 그래서 시동생들보고 돈을 내 놓겠느냐 아님 부모님을 모시겠느냐 하면 틀림없이 돈을 내 놓겠다

할 테니까 그러면 그 돈을 받아서 도우미를 두고 부모님은 내가 모시라고 말했다. 맏며느리가 부모님을 모시는 것은 의무가 아니고 권리라고 생각하고 내 권리를 내가 누려야지 시동생에게 빼앗기지 말라고 했다. (의무라고 생각 하면 무겁고 힘들게 느낄 수 있는 것도 권리라고 생각하면 보다 가볍고 때론 즐거움과 보람도 느낄 수 있으니) 당신이 당신 권리를 찾으라고 했다. 피 할 수 없는 일이라면 즐기라는 말도 있지 않은가.

맏이가 맏이 노릇을 할 때만이 떳떳한 법이라고 말이다. 더욱이 그녀는 친정아버지가 일찍 혼자 되셨고 애인도 있었지만 세 딸의 완강한 반대에 부딪혀 재혼도 못해보고 62세에 쓸쓸히 생을 마치신 것을 후회 한다고 했다. 후회는 얼마나 가슴 아픈 일인가, 돌이킬 수 없는 것이기에 더욱 가슴 아프고 뼈가 아픈 것인데 왜 또 다시 후회를 만들려 하느냐고 말이다. 만약 부모님이 돌아가시고 나면 효자인 남편도 가슴 아파할 것이고 그녀의 하나 밖에 없는 아들은 이다음에 커서 엄마와 똑같이 할 것 이라고 엄마에게 엄포를 노며 화를 낸다고 했다.

예전에 그 시어머님은 그 큰 며느리가 귀하고 예뻐서 속옷이며 신발까지 아침이면 다 빨고 닦아 놓으셨다고 했다. 그 시어머님을 이제 부터는 남편이 시켜드리는 목욕을 남편 손에 맡기지 말고 당신이 직접 목욕도 시켜드리며 피부가 깨끗하고 예쁘다는 시어머님께 칭찬도 하고 장난도 치면서 목욕시켜 드리라고 했다. 만약 하다가 힘들면 나를 부르라고 말했었다.

나는 짧지 않은 세월 어렵게는 살아 왔지만 그랬었기에 더 떳떳하고 지금은 내 양 어깨에 보이지 않는 견장이 달려 있는 것처럼 느껴진다고 했다. 하지만 그것은 무던하고 성격 좋은 시댁식구들이 있어 가능 했겠지만 나보다 2살 아래인 큰 시누이도 나와 동갑인 시누이 남편까지도 나에게 깍듯이 잘 했으니 그 밑 시누이 시동생

이야 말할 필요가 있었을까, 내가 넘치게 인복을 많이 타고 난 사람임에 틀림없다.

그러한 나도 아버님 말년에는 힘이 좀 들었었다. 혼자이신 아버님이 가까이 지내는 여자 분은 있으셨다지만 인간의 외로움은 어쩔 수 없는 것이기에 외로움 탓인지 아님 치매가 오신 것인지 그도 아님 이젠 우리 집에 싫증이 나셨는지 노년에는 우리부부를 많이도 힘들게 하시곤 하셨다.

지금은 모두 지나간 옛 이야기다 노인들은 밤에 출출 하시다는 말을 들었기에 밤마다 자리끼인 물과 아버님이 좋아 하신 날계란 2알, 그리고 과일이며 빵, 떡 등을 쟁반에 차려 들여가곤 했다. 우리 아버님은 하루 종일 드시는 음식보다도 밤에 수시로 깨셔서 드시는 양이 더 많이 드시곤 하셨다. 그래도 90을 넘기셨으니 대단하신 분이신 것 같다. 지금 생각해 보면 그 때가 꿈인 것만 같다.

후에 들은 얘기로는 그 때의 병상에서의 노인 분은 아들 며느리가 버스를 대절해서 시골 동네사람 모두를 불러 면회시켜 드리고 신부님께 영세도 받게 해드리고 아주 편안하고 행복하게 돌아 가셨다고 한다. 지금쯤 그녀는 환한 얼굴로 밝은 미소를 지으며 열심히 쇼핑하고 다닐는지 모르겠다. 한번 보고 싶다.

나는 남편바보

남편은 날보고 남편바보라고 한다. 그 말을 듣고 내가 웃는 것을 보면 남편바보임에 틀림없다. 요즘 세상에 젊지도 않은 늙은 나이에 있을 수 있는 일인가? 아니 어쩌면 할머니 나이이기에 가능한 것인지 모르겠다. 왜냐하면 늙으면 자식들 전부 떠나보내고 서로의 소중함을 느끼고 서로 의지하며 살게 될 테니까. 하지만 젊은 사람들이 들으면 놀라움을 넘어 경악을 금치 못할 것 같다.

사실 내가 40대였을 때만 해도 잘난 것도 없는 주제에 남편이 다음 세상에 또 만나 부부가 되자고 하면 나는 곤혹스러워하며 그때 봐서, 그때 봐서 하면서 대답을 피하곤 했더니 다음부터는 그런 말이 없어졌다. 내 마음 속으로는 더 키도 크고 멋있는 사람을 만나야지 하는 속마음이 있었던 것이었지만 지금 생각하면 참으로 어리석고 주제파악이 안 되었던 것이었다. 그렇게 멋있고 좋은 사람이 왜 나와 결혼하겠는가. 자기 분수는 모르고 허황된 생각만 했다. 이제라도 알았으니 참으로 다행한 일이다. 이젠 정신 차리고 남편바보까지 되었으니 사람은 나이를 먹어봐야 철도 드는 모양인가 보다. 지금은 남편바보가 되어 있으니 그 누구보다도 나 자신 스스로 행복한 것이다.

사랑은 받는 사람도 행복하지만 사랑을 주고 있는 사람은 더욱 행복하고 축복인 것인데 무엇을 더 바랄 것인가. 사랑이 내 마음에 가득했을 때의 그 충만감과 행복을 그 누구보다도 본인이 더 잘 아는 것이기에 나는 굳이 미움을 품어 내 마음에 지옥을 만들고 주름을 만들 필요가 없다고 생각한다. 그것을 알기에 나는 내가 착해서가 아니라 내가 행복해지기 위해서도 상대가 어느 누구든 간에 미움을 품지 않고 사랑을 품으며 모두 사랑하는 눈과 마음으로 보려고 노력한다.

예전에 지독히도 가난했던 남편, 나는 그 남편을 선택했었다. 그 가난이 어떤 면에서는 신선하기까지 느껴졌던 젊은 날이었다. 지금 생각해보면 입가에 웃음이 절로 지어진다. 그만큼 나 자신도 때 묻지 않고 순수했는지 모른다. 나는 젊음과 능력만 있으면 모든 것이 다 가능할 것을 믿었기에 그리고 인간이 완벽하게 욕심을 다 채우고 살수는 없는 법이기에 그 중에 나는 가난을 선택했었다.

가난했지만 품성이 좋고 성실한 남편이었다. 가난한 남편을 처음 만났을 때 원래 패물에 크게 관심이 없었던 나는 가난한 상태에서 결혼반지 같은 것에 돈을 투자 하고 싶은 생각이 없었다. 그래서 생각한 것이 길가에서 좌판에 놓고 파는(내 눈에는 백금이나 니켈이나 별반 차이 있어 보이지 않았다) 100원이나 200원 하는 아무도 결혼반지로 쓰지 않을 것을 나만의 반지로 하는 것도 괜찮다고 생각했기에 어른들께는 말할 필요 없이 우리 둘만의 약속으로 결혼예물로는 아무도 갖지 않을 그 반지를 누구보다도 소중히 간직하리라 생각하고 그 나만의 의미 있는 반지를 사 달라고 말했었다.

사실 결혼예물이라면 팔수도 없을뿐더러 팔게 되는 일이 있어도 안 되는 것이 아닌가. 그렇게 유통할 수 없는 물건이라면 생명력이 없는 듯이 느껴지고 그 사랑의 정표가 반드시 비싸야만 된다고 생각지 않는다. 남이 갖지 않는 두 사람만의 것일 때 더욱 소중한 것은 아닐까 생각되어진다. 두 사람의 뜻만 맞는다면 그 물건이 아무리 돈가치론 보잘 것 없는 것일지라도 그 무엇보다 소중한 것이리라 생각한다. 그렇게 해서 비싼 물건을 손가락에 끼고 있기 보다는 차라리 그 돈으로 쌀과 연탄을 가득 쌓아 놓는다면 그것이 오히려 더 큰 효용가치가 있는 것이라 생각되었기 때문이다. 그래도 그럴 수 없었던지 남편은 나에게 사파이어 반지를 끼워 주었다.

하늘아래 1번지 금호동 산꼭대기에 부엌도 가리개로 슬쩍 둘러

쳐 있고 부뚜막 없는 사글세 집에서 신혼을 시작했다. 결혼 전 회계사 1차 시험을 합격해 놓았던 남편은 결혼 얼마 후부터 2차 시험 공부를 시작했다. 시험일이 가까워짐에 따라 당시 한일은행 성동지점 영업부에서 바쁘게 근무하던 남편을 형부한테 말해 한일은행 본점 바쁘지 않은 신탁부로 옮겨 놓고는 공부에 전념했다.

남편은 새벽별을 보고 나갔다가 밤별을 보며 집에 돌아왔다. 출근하기 전 학원에 가고 퇴근 후 학원에 갔기 때문이다. 특별한 영양섭취도 제대로 못하는 남편의 지친 뒷모습을 볼 때면 이렇게까지 공부를 해야만 하는 것일까 하고 말리고 싶은 생각까지 들기도 했지만 마음먹고 하는 것이기에 바라볼 수밖에 없었다. 마음은 짠하고 안 되었지만 뒤에서 조용히 응원하며 지켜보는 것이 전부였다.

물론 언니들이 때로 음식을 해 나르기도 했었지만 고작 내가 남편을 위해 하는 것이란 새벽이면 시간 맞춰 살금살금 부엌으로 나와 아침밥 올려놓고 시간 맞추어 비누와 따끈한 물을 떠 가지고 방에 들어가 곤히 잠들어 있는 남편 얼굴에 따뜻한 비누거품을 잔뜩 묻혀 놓고는 면도를 시작했다. 면도가 끝나면 칫솔에 치약을 묻혀 양치를 시작한다.

서서히 속잠이 깨고 있었던 남편은 치약이 목으로 넘어가게 되었을 때쯤 벌떡 일어나 떠놓은 따뜻한 물에 세수까지 하고 나면 번개같이 아침식사를 끝내고 아직 새벽별이 떠있는 어두컴컴한 새벽을 뚫고 나갈 때면 자그만 체구에 넓을 것 없는 남편의 어깨가 가엾고 안쓰러워 보였다. 만약에 시험에 떨어지기라도 한다면 주변사람이나 처가 쪽에 얼마나 체면이 안서고 자존심이 상할까 생각하니 내가 조바심이 생기고 시험일이 가까워지면서 허니문 베비로 배가 불러있던 나는 어디 마음대로 간다는 것도 자유스럽지 않은 상태였기에 기도만이 절로 간절해졌다.

남편은 6살에 강습소에서 일본어를 떼고 7살에 서당에서 천자문을 떼었다고 가끔 자랑스럽게 말하곤 했다. 제일 어린 나이에 왜소했던 남편은 서당에서 공부가 끝나고 나면 집 쪽을 향해 허리를 굽혔다 폈다 하면서 크게 울면 할머님이 뛰어가셔서 업고 집에 오셨다 한다. 어린 손자는 할머님 앞에서 꽤나 응석을 부렸던 모양이다. 어렸을 적 남편은 업히는 것을 하도 좋아해서 아무리 아파도 업어주면 아프던 것이 씻은 듯 나았다고 한다.

그렇게 시골 무지랭이로 태어난 남편은 한때 우리나라 인명사전에도 등장했었으니 그만하면 내가 소망했던 가난하더라도 능력 있는 남편을 원했던 내 소망이 이루어진 것은 아니었을까 하는 생각이 된다. 남편은 그보다 젊었을 적 오랫동안 "세무와 회계"라는 월간지에 글을 실었던 것이 잘 쓴 논문으로 뽑혀 책으로 나온 것을 더 좋아하는 것 같았다. 그리고 내가 큰 아들을 낳던 날 고맙게도 남편은 공인회계사 합격증을 나에게 안겨 주었다.

그래도 그다지 남편을 사랑한 것 같지는 않았는데 나이를 먹어 황혼에 이를수록 나는 남편바보가 되어가고 있는 것 같다. 이제 생각해보니 아무래도 내생에 남편을 또 만나게 되면 내가 적극적으로 남편을 붙잡아야 할 것 같다. 항상 남에게 친절한 남편은 집에서도 언제나 애처가 남편이었지만 그래도 어느 해인가는 이혼 당하는 줄 알았던 때도 있었다. 오랫동안 국영기업체에 근무했었던 남편은 회계사인 관계로 경리부장직을 오랫동안 맡고 있었지만 사장님이 바뀔 때마다 바뀐다는 그 경리부장직을 사장님이 3명 바뀔 동안까지도 그 직책을 떠나지 못하고 있었다.

그곳을 벗어났어도 사회에서 흔히 말하는 돈 많이 생긴다는 영업부장 심사부장직을 맡았었기에 돈 유혹도 많았던가 보다. 한번은 초인종 소리에 나가보니 젊은 운전기사로 보이는 사람이 잔뜩 선물꾸러미를 놓고 1층으로 뛰어 내려가는 것이었다. 내가 여자인 몸으로 긴 홈웨어를 입고 있었기에 물건을 들고 쫓아서 3층에서 뛰어

내려갈 수도 없을뿐더러 예전에도 남편이 집에 가지고 온 물건을 다시 회사에 가지고가 되돌려 준적도 있었기에 크게 걱정하지 않았었다. 그런데 그때의 물건은 꽤나 힘들고 골치 아픈 일이었던지 저녁에 퇴근해 돌아온 남편이 노발대발하는 것이 장난이 아니었다. 하도 경황없는 상황에서 억울하게 당한 일이었지만 어쩔 수 없었던 그때의 일이 지금 생각해도 억울했다.

그때는 참으로 여러 가지 일이 있어서 그런 때는 내 이름 한 글자 남편이름 한 글자를 써서 다시 반송했다고 했다. 그렇게 강직한 남편이건만 남편을 안다고 하는 대부분의 사람들은 그래서인지 요직에만 있었던 남편이 꽤 부자일 것으로 믿는 사람들이 많은 것 같다. 만일 그랬었다면 나도 꽤 여유 있는 생활을 즐겼으리라. 그러나 남편이 모든 공직에서 물러났던 그 다음날 거실의 찬 바닥에 속옷 바람에 큰 대자로 누워서 한 말, "아~ 그 많은 유혹 다 물리쳤다."라고 통쾌하고 가슴 후련한 듯 말할 때 남편이 얼마나 외로운 싸움을 했었던가를 느낄 수 있었다.

지금은 멀어진 옛날! 아직도 남편은 식구들 먹여 살리느라 출근하기에 바쁘고, 나는 아들 손자며느리 앞에서 주책을 부리기에 바쁘다. 뜬금없이 "여보 사랑해."라고 내 농담 섞인 말에 모두들 한바탕 웃지만 아무래도 나는 아들 며느리가 포기한 왕주책인 시어미임에 틀림없다. 이젠 어쩔 수 없는 남편바보가 되어 버렸으니까 말이다.

강직한 남편이건만 남편을 안다고 하는 대부분의 사람들은 그래서인지 요직에만 있었던 남편이 꽤 부자일 것으로 믿는 사람들이 많은 것 같다. 만일 그랬었다면 나도 꽤 여유 있는 생활을 즐겼으리라. 그러나 남편이 모든 공직에서 물러났던 그 다음날 거실의 찬 바닥에 속옷 바람에 큰 대자로 누워서 한 말, "아~ 그 많은 유혹 다 물리쳤다."라고 통쾌하고 가슴 후련한 듯 말할 때 남편이 얼마나 외로운 싸움을 했었던가를 느낄 수 있었다. 지금은 멀어진 옛날!

도승준

주막에서/ 고궁의 가을/ 계절의 조화
봄나들이/ 단비/ 애잔한 술잔
노을빛 여인/ 장마가 끝나고/ 명당자리
터/ 산 절로 수 절로/ 가을

행복한 나들이/ 내 가야 할 길

| 서울 강서구 화곡1동 424-150
| HP. 010.4431.0900
| E-mail. sjdoe@hanmail.net

주막에서

연푸른 햇살을 입은 바람은
머리에 오월을 이고 달려와
토담집 창 넘어 아가씨를 훔쳐보고

세월의 유수를 실감한
노령의 청춘들은
도토리묵에 소주잔을 기울이고 앉아
지난 한(恨)을 품앗이하고 있다

삶이 그리고 청춘이 아쉬운 이들
침묵 속에 흐르는
마음과 마음들
누가 먼저일 수도 없는
그 까마득한 상념의 시간들이

소슬바람 타고
서산마루를 넘나들며
한 잔 한 잔의 목축임에
인생을 낚고 있다

고궁의 가을

쪽빛 하늘아래
찬란한 오천년의 위업이
선과 빛으로 물들어
오색 단풍과 조화를 이룬 한나절

기나 긴 사연을 머금은 고궁엔
인걸은 간데없고
한줌 이야기로만 꽃피어
세세만년 흐르고 있네

역사의 뒷 켠엔
항상 희로애락이 존재하듯
권세와 노세의 양극을 오가며
세월을 뒤덮고 있는 이 순간에도
지나는 발길이 밝지만은 않네

가을빛에 물들여진
이 마음이 쓸쓸함인지
자아(自我)를 찾으려 나섰으나
소슬한 바람소리만 옷깃을 여미네

계절의 조화

춘하추동
바람과 시간의 개념이 주는
또 다른 자리에
밝고 어둠의 추억이 익어간다

젖은 날들의 지루한 장마가 거치면
따가움의 햇볕이 검붉게 타오르고
발가벗은 육신은
어느새 촉촉이 젖어드는
국화향기에 취해
사색의 그늘을 배회하고

울긋불긋 세상이 물들 즈음
바람은 낙엽을 띄워
서리를 불러 모아
백설의 천지를 감아 돌고
움츠렸던 몸을 펼 무렵
봄내음이 가슴을 부풀리는 하루

세상은 그렇게
자전과 공전의 텃밭을 돌아
축복의 빛을 쏟아 붓고
창조주의 예술로 되살아나는
조화의 섭리

봄나들이

그윽한 꽃 향에 취한
상춘의 나들이
훈풍에 감기어 훨훨 어디로 가는 걸까

둔덕이 된 남루한 시련 있어
환상의 나래 춤을 추고
긴긴 세월 공덕으로 남은
수려한 여심들
노랑나비 너풀너풀 수채화를 그릴 때면

봄나물 캐는 아낙의 치마폭에
사뿐히 내려앉은 햇살들
임 찾아 날아들 듯
서산머리 기울고 있네

단비

갈증을 머금는 대지에
사선으로 내린 사랑이 찾아들면
세상은 온통 환희의 판타지가 펼쳐진다

핏기 없이 말라버린 육신과
가냘픈 잎들의 행적들
초록이 갈색으로 변절된 삶의 여운

그 속에
날렵히 쏟아 붓는 듯 내려앉은
저, 봄의 단상들

은은한 회색 바탕에 덧칠해진
수채화의 공간에
시간과 여백의 흐림이 잠을 깨운다

소리 없이 들려오는
무심의 여백이
귓가를 맴돌며 단꿈으로 찾아든다

애잔한 술잔

봄비에 젖은 가로등이
애잔한 빛을 뿌리며
포장마차에 젖어든다

거리는 온통 정적이 깃든 밤의 소리와
연인들의 속삭임이
어깨를 나란히 춤을 추고

내 앞에 놓인 술잔엔
달빛에 젖은 아련한 여인의 얼굴이
미소를 짓고 있다

담백한 낭만의 시간
집시의 여인은
아직도 내 곁을 떠나지 못하고
애잔한 그리움으로 서있다

노을빛 연인

앙상한 가지에 매달린 한파가
채 가시기도 전
꽃 향을 품은 여운이
내 곁을 찾는 어느 날의 오후

훈풍이 볼을 간지럽히더니
어느새
인수봉에 땅거미가 드리우고
앞뜰에 선 라일락향이
노을빛에 젖고 있다

허전한 가로등의 침묵 속에
사색을 머금은 달빛의 여인은
청초한 봄내음을 안고
벚꽃 사이사이를 맴돌며
잊혀진 연인의 그림자로
내 곁에 다가선다

장마가 끝나고

극과 극의 환희
변화의 조화가 아름다운 날
창 넘어 햇살이 싱그럽다

추적추적 지쳐버린 일상에
한줄기 빛의 생기가
이처럼 아름다운지

시간의 여백을 뚫고 떠나는
여행객들의 소음은
집시의 풍류를 즐기고 있다

삶
휴식과 공간의 구조 속에
새 생명을 잉태하는
극과 극의 조화

명당자리

인간은 이율배반의 삶을 살아가는 동물인가보다
약하면서도 강한 채
허세의 틀을 벗지 못하고
의지 아닌 의지를 즐기며 사는 존재

출세고 금력이고 권력마저도
아니 생을 다한 묘 자리마저도
명당자리를 찾아 헤맨다

터란
지형적인 조건이며
배수명전의 원리이고
생각과 뜻의 차이며
사고와 관념의 진리이다

목적에 따라
보기 좋고 사용하기 편하고 좋으면
그 곳이 바로 명당이지
명당이 따로 있나

터
— 문학반

한가로움에
발길 따라 나섰다

언덕배기 중턱에
아파트 어귀 문학반
순수한 이상과 인정이 가득
사색의 공간을 넘나들며
주고받는 배움의 안식처

기아와 환난으로 얽힌 긴 여정을
아픔과 인고로 다듬은 반백의 미소들
남심과 여심의 조화로운 운기의 흐름이
움츠렸던 낭만의 가슴을 두드린다

바로 이 터에
삶의 희노애락을 같이 읊으며
여생의 시간과 공간에 단꿈들을 아로새겨
낭만의 푸른 꿈에 한껏 취해보고 싶다

산 절로 수 절로

육갑으로 엮인 세월과
온난화로 엮인 시간과의 공간
중추절이 낮달로 들어서
계절감을 잃은 가을 아닌 가을

훈기와 냉기의 급강이 준
인륜적 배신
순리에 따른 화초들의 웃음에
물설고 빛 설은 민낯들

그래도
세월 따라 흘러가는
삼라만상의 기온
순리와 순리의 조화로
산 절로 수 절로 살자한다

가을

이슬에 맺힌 가을빛이
수채화로 물들어 밝아지면
흰 구름 둥실둥실 하늘을 날고
국화향이 대지를 덮는 날

황금 빛 풍요의 축제가
절정을 이룰 때
몸도 마음도 흥에 취해
향흥을 베풀고
축복의 아리아가 세상을 덮는다

채색된 가을 향
풍요와 사랑이 무릇 무릇 익어 갈 즈음
삶의 태동을 감추지 못한
숱한 생명들
축복이요 영광이요 광명의 빛이다

머지 않는 날
낙엽과 함께 떠나는
풀벌레들의 외줄타기 생의 비애들
허나,
또 다른 생명의 빛으로 태어나리니
외로움도 슬픔도 시공이 주는 축복인 것을

행복한 나들이

기다리던 10월 25일 나들이 날이 돌아왔다.

단풍이 한껏 물들은 아주 좋은 때를 맞추어 청명한 가을 날씨가 우리 모두를 반긴다. 온통 시멘트 숲에서 파란하늘도 해달도 다 잊어버리고 치열한 삶의 경쟁의 각박한 삶을 벗어나 한적한 대자연을 만나니 마음의 고요와 후련함이 답답한 가슴을 말끔히 씻어 준다.

수없이 스치며 뒤바뀌는 창 너머 아름다운 전경!

산에는 산수가 화려하고 너른 들판에는 단풍 골짜기를 지나 쉬고 나온 산들바람에 너울져 출렁이는 이삭들의 황금물결이 장관이다. 빨강 파란 초록지붕들이 옹기종기 모여 정담을 나누는 듯 우리의 삶과 여백을 가꾼다. 주차장에 차를 세우고 몸을 내렸다. 상가모퉁이를 지나니 한눈에 산정호수의 전모가 펼쳐진다.

잔잔한 호수를 한가운데 두고 병풍을 펼쳐지듯 서쪽에는 망무봉 남쪽 관음산과 망무봉 동쪽 여우봉 수려한 자태를 자랑하며 호수를 품고 있다. 도대체 산정에 호수가 있는가 하면 호수위에 산정이 떠있는 듯하다. 그야말로 비경이 아닌가? 맑고 진한햇살이 호수에 산산이 부서져 알알이 산정 단풍의 수채화가 너울져 내 앞으로 다가온다.

저 멀리 은은히 바라보이는 산세의 흐름 속에 전개되는 깎아지른 절벽과 기암괴석의 정기에 만연의 오색 단풍이 어우러진 그 비경이 수려하다. 고맙게도 마련해준 주최 측의 식사를 맛있게 해치웠다. 밖으로 나와 하늘을 보니 이미 해는 반나절이 넘었다. 아쉽다. 그러나 어쩌나 모든 것은 흐름일진데! 오늘도 내일도 유유히 흘러가는 산정호수와 대자연 그리고 우리들.

오! 모든 것은 무상이로다!

황혼으로 접어든 나 삶은 정진이요 멋과 맛이요 모든 축복이다. 생명을 주셨고 햇빛을 공기를 물을 삶에 필요한 모든 것을 주셨다. 나 자신도 연륜이 지나가면 갈수록 삶의 맛과 멋이 깊어져 삶을 무섭게 사랑한다. 언젠가는 모르지만 삶이 유한하기 때문이다.

나는 가을을 싫어하며 사랑한다. 가을이 낙엽을 뿌리면 삶은 숙연 하여진다. 가을은 마감의 계절이요 이별의 계절이기 때문이다. 흡족한 하루였다 동행하신 여러 어르신들도 흡족한 마음에 안색이 완연하다. 특히 흡족하고 아름다운 나들이 행사가 있기까지 빈틈없는 진행으로 많은 신경과 노력하여준 진행부의 책임자들 또 도우미들도 감사한다. 양보와 보듬어 주고 축복하여주는 아름다운 삶으로 인생을 그리고 싶다.

그리하여 먼 훗날 당신이 물으시면(귀천) 나는 아름다운 소풍이었노라고! 모든 것은 반드시 사라지고 나타난다! 해는 뜨고 진다!

무상의 세계로 영원히 영원히!

내 가야 할 길

내가 이 글을 쓴다는 것만으로도 축복이며 영광이며 선택 받은 자 임을 알 것 같다. 부유한 집안에서 태어나 어려움 없이 자란 유년의 시절도 아니었다. 그저 평범한 가정에서 사랑과 정이 넘치는 부모님의 보살핌 이외에 특별한 것이 없이 자랐다. 당시엔 모두가 가난한 환경과 여건에서 태어나 어렵게 살아왔다.

그럼에도 불구하고 건강한 몸 건전한 정신으로 성장할 수 있도록 길러주신 부모님의 은덕에 고마움과 감사를 드리지 않을 수 없다. 참으로 존귀한 인생이며 축복의 대명사가 된 삶이었다. 젊은 시절엔 무한한 도전 정신으로 부귀영화를 꿈꾸며 권력과 명예 그리고 부를 향한 악전고투의 삶을 살았다. 본래 성격이 부드럽고 악하지 못한 내성적인 탓에 뜻을 이루기보다는 무한한 시련과 고통도 많았다. 그러나 단 한 번도 좌절과 무능함을 탓하지 않고 성심을 다하여 열심히 노력하고 살아왔을 뿐이다.

그러나 세월의 연륜이 쌓일수록 내 삶에 대한 변화의 폭은 넓고 깊어졌다. 출세와 부귀영화를 위한 권력과 명예와 부유함이 중요하지 않다는 사실을 느끼고 깨닫는 순간 내 인생의 변화는 극과 극을 향해 변해가고 있었다.

인생은 한 번 태어나 한 번 죽는 존재다. 따라서 인생이란 무한한 것이 아니라 유한하다는 것이다. 살아있는 동안 선하고 착하게 그리고 남을 위한 사랑과 봉사의 정신으로 헌신 할 줄 알아야 한다는 것이다. 뿐만 아니라 자신의 역사를 남겨 후세의 거울이 되고 지표가 되는 삶으로 역사에 남겨져야 한다는 것이다. 뒤늦은 깨달음이지만 이제라도 진실 된 내 삶을 향해 부단히 노력하고 도전해 보고자 한다.

인간이 다른 동물들과 다른 점은 사색하고 자료를 남길 수 있다는 특별하고도 독특한 차이점을 가지고 있다는 사실이다. 즉 아름다운 생각과 언어의 창조적 능력을 발휘하여 표현하고 역사를 남길 수 있다는 점에서 축복받은 존재가 아닌가 싶다.

따라서 앞으로 남은여생을 자아(自我)에 중심을 둔 사고(思考)하는 데 두고자 한다. 그리하여 문학과 철학, 예술적인 감각을 표현할 수 있는 공부에 노력을 매진해 볼 생각이다. 무한한 사색(思索)의 폭을 넓이고 감성을 가다듬어 필력을 키워보고자 한다.

문학반에서 배운 새로운 인생을 위한 삶을 위하여!

인생은 한 번 태어나 한 번 죽는 존재다. 따라서 인생이란 무한한 것이 아니라 유한하다는 것이다. 살아있는 동안 선하고 착하게 그리고 남을 위한 사랑과 봉사의 정신으로 헌신 할 줄 알아야 한다는 것이다. 뿐만 아니라 자신의 역사를 남겨 후세의 거울이 되고 지표가 되는 삶으로 역사에 남겨져야 한다는 것이다. 뒤늦은 깨달음이지만 이제라도 진실 된 내 삶을 향해 부단히 노력하고 도전해 보고자 한다.

박원선

언제 또 오려나/ 여운/ 봄의 여운
휠체어 옆에서/ 가로등/ 봄나들이
수촌강에서/ 그 옛날/ 폐교
바람 따라 가는 길/ 마음의 행로

서울 서초구 본마을 2길 3 (신원동 441-38)
HP. 010.5572.2458

언제 또 오려나

여울목 얼룩진 강가엔
새벽닭이 마을을 깨워
이슬 맺힌 안개를 거두면

양지바른 언덕에
햇살이 살며시 내려앉아
들꽃의 멍에를 거둬들고
제비꽃 도라지꽃대를 내밀게 한다

산들바람의 봄기운에
종달새며 텃새들은 허공을 날고
움츠렸던 몸을 풀어
사랑놀이가 분주하다

가슴 복판에 향으로 번져올
모성의 내음을 한 땀 한 땀 수놓고 있는
여인의 모습이 가엾기만 하다

여운

양지녘에 들리는 지난 얘기들
아지랑이로 피어올라
뭇 사람들의 마음을 사로잡고
꽃향기 피우더니

해당화 꽃잎 지듯
섬마을 노을에 가려져
피돌기를 멈추고
하늘을 향해 소리치네

썰물로 밀려온 포말이 채 가시기도 전
출렁이는 파도 음만 남긴 채
돌담집 벽을 넘어
홀연히 떠나네

소유의 무위(無爲)를 남기고
들꽃 한 송이 받쳐 들고
홀로 서서 머나 먼 길 떠나네

봄의 여운

낫달이 잠든 쪽빛 바다엔
끼륵 끼륵 갈매기 떼 노닐고
파란 파도는 바위에 부서져
하얀 포말을 일으키는 오후 한때

수평선 넘어
그림자로 떠 있는 배는
봄의 여운을 맞아 졸고 있는 듯
한가롭기만 하다

봄나물 캐는 아낙의 손엔
바람으로 들어선 아지랑이 꽃이 들려있고
악동들은 마냥 즐거움을 토하며
천방지축으로 날뛰고 있다

사람 사는 세상
시공을 넘나든 세월이
예나 지금이나 다름이 무엇인가
정에 살고 돈에 사는
마음의 차이일 뿐

휠체어 옆에서

언제나 하나인
우리는 한 몸의 친구
그 옛날의 추억 되새기며 불러본
'동무의 노래'

세월이 늙어
쇠약해진 삶 일진데
어이타 남의 발 의지하여
굴렁쇠를 타느냐

그리도 큰 청운의 꿈 어디 두고
비목으로 쓰러져 갈지라도
청자 빛 음성은 남기고 가자구나

쌓이고 쌓인 반백년의 한(恨)
우리의 우정
우리의 사랑들
친구야!
넘치는 힘으로 목청껏 부르자
'동무의 노래'

가로등

사시사철 빛의 옷을 입고 서서
누군가 다가오길 기다리는 키다리 아저씨

안개꽃 시나브로에 갇힌 여인네처럼
사선으로 다가선 빗줄기 모습이나
바람타고 날아든 육각의 서설에도

오직 의지 하나로 버티고 서서
임 향한 일편단심의 노심초사
내 생의 의미인 것을

봄나들이

산야의 백설은 녹아내려
잠든 쪽빛 바다를 깨우고
별빛은 억겁의 세월을 불러드려
산들 바람에 졸음을 쏟아 붓고 있다

비탈진 양지 마을 고목엔
텃새 한 쌍이 찾아와 봄을 부르면
바람가지 모아 깃털을 세운 둥지엔
멧새들의 보금자리 되어
색동알들이 춤추고나와
솔바람에 낯이 간지럽단다

이제, 고공의 행진을 꿈꾸며
걸음마의 날개 짓을 서두르는
오후의 한 때

수촌강에서

강둑엔 냉이꽃 제비꽃들
시샘을 부리며 춤을 추는데
심술궂은 가랑비 온몸을 적셔
한(恨)을 뿌리면

내 곁에 다가선 싸리꽃 사이로
네 모습이 밝아오고
은하수 따라 흐르는 미소가
강물처럼 곱구나

어디로 가나, 어디로 가나
강물 따라 흘러 흘러
봄날은 가는데
매화도 벚꽃도 꽃눈으로 나리니

내 인생 누굴 닮아
저, 강물 되어 흘러가나
깨우침도 뉘우침도
아직은 없는데

그 옛날

별빛 시린 허공에 매달린
까치 밥 하나
육갑의 세월을 지나듯 메말라 있다

젖은 눈동자에 내려앉은
보일 듯 말 듯 한 별무리들
어머니의 어머니가
아버지의 아버지가
숨 쉬던 그 시절의 다듬이 소리가
오늘도 이 가슴에
반딧불로 수놓아지는 밤

반세기의 고갯길 지나
성벽을 쌓은 이 시간에도
하이 얀 물보라 일으키며
본향을 떠 올리는 이 마음

아직도, 아직도
난
그 어린 옛 시절을
쪼아 먹고 있나 보다

폐교

인고의 세월 속에
맑은 향 품기며 묵묵히 서있는
백수의 향나무

홀씨 되어 날아간
개구쟁이 올챙이들
와글와글 교정이 뜨겁던 시절

교정 옆을 지나던 풍천강 지킴이는
세월이 조각된 고인돌로 서서
기억 저편의 향수를 부르며
오만 송이 국화잎을 날리고

오랜 추억의 상념이
닫친 문을 뛰어넘어
아득한 꿈을 회상케 하는 교정

바람 따라 가는 길

고사리 손을 떠나지 않던
오색 풍선이
울어 울어 아빠를 부르며
영혼을 뒤흔들고 있다

서른하고도 칠 년이란 세월
해 맑은 오월 스무 이튿날
눈물로 맺은 약속
차마 뒤돌아보지 못한 구만리 길

가슴속 알알이 쌓은 상실의 재
바람결에 나부끼더니
본향 찾아 가는 길
산허리를 돌아간다

바람이 불어
메아리가 쟁쟁 귓바퀴를 돈다
어이, 어이
만장기가 요동치며
어미의 가슴을 휘비고 혀를 깨문다

마음의 행로

허공의 끝자락에 살며시 내려앉은
푸치니의 멜로디
조용한 가슴에 파문이 인다

홀씨 되어 날아든
정으로 얼룩진 탐스런 문주란
송알송알 춤을 추며
고향 그립다 손짓하네

청계산 자락 따라
흐르는 물줄기 사로잡고
가재며 소금쟁이며
함께 놀자며 손잡던 옛 친구들

집 뜰에 길손으로 찾아든
한줌의 문주란 향이
황막한 숨결을 내 뿜게 한다

박천표

어머니의 그림자/ 6월이 오면
가을에 핀 꽃/ 탄생/ 눈 내린 아침
죽비/ 벽시계/ 고향의 봄
살다 보니/ 현충일/ 물 향기
굴렁쇠 삶/ 가을 편지
당신은 뉘신가요/ 조국이여

은사(恩師)의 정을 그리며

서울 서대문구 홍은2동 명지길 122
HP. 010.3896.3360
E-mail. park376@hanmail.net

어머니의 그림자

꿈속에 잠든 섣달그믐
다듬질 소리의 어머니
긴긴 밤을 깨워 불러들인
방망이의 음률은 허공을 맴돌고
그 모습을 음미한 나는
그리운 추억을 살라 먹고 서 있다

개미허리에 치마끈 동여맨 쉼 없는 나날
자갈밭, 문전옥토 일구신 한숨소리와
따가운 햇살에 밭이랑 일구신
호미자루에 삼베적삼의 세월들
바람에 쓸려간 가랑잎 사이로
땀으로 얼룩진 황금열매의 웃음이
스산함을 채워준 등잔불에 잠들어
한 올 한 올 엮어간 가냘픈 삶의 잔상들

백발의 세월에도
눈시울이 따갑게 다가온 그리움
어머니의 그림자

6월이 오면

모란꽃 붉게 핀 6월이 오면
난, 젊은 피가 잠든 곳 찾아
붉은 장미 한 송이 바치리라

붉은 이리떼로 몰려오던 날
육탄(肉彈)으로 막던 조국의 울타리
풍전등화로 사라진 영현들이여!

오늘도 망상의 붉은 무리들은
제 버릇 못 버리고 울타리 넘보며
오염된 망둥이로 날뛰고 있다

미로속의 순한 양들이여
내 가슴 도려내려는 악마의 사슬 끊어내고
밝은 내일을 위해 조국 등불 밝혀가자

6월, 그날의 아픈 상흔 새롭게 새겨
현란한 광기를 도려내는 지혜를 갖자
내 조국 지키려는
그대들의 젊은 피 찬란한 불꽃들이여

가을에 핀 꽃

호방한 태양 아래
노오랗게 채색한 함박웃음
어머니의 미소다

허수아비 형상으로 외로움 달래시던
새털 같은 날들 속에 묻어난
옥색저고리의 가을 여인

크고 작은 땀방울인양
화사한 미소는
달덩이 보다 곱고
햇님보다 밝은 빛이다

폭풍우 뙤약볕에 웃자란 네 모습
오곡의 향으로 묻어난
화려한 자태
그대는 들국화

탄생

암흑의 터널을 뚫고
눈부신 태양을 맞는
탄성의 목소리 울린지
어언 60여성상

피폐와 몰락의 현장에 던져진
피 끓는 젊음들
임란의 정신으로 뭉치고 되새겨
불굴의 의지 속에
가난에 찌든 인고의 세월 지나
이곳에 왔는데

그 고통 그 아픔 어디에 가고
무성한 잡초만 들끓고 있나

또 다른 새벽종 힘차게 울려
변화와 쇄신 개혁으로 손잡고
세세무궁 밝은 요람 등불 밝히자

눈 내린 아침

어젯밤 찾아온 하얀 님은
나풀나풀 나비 춤추며 날아 왔네

세상의 티 덮어 허물을 벗기려고
산에도 들에도
마을 구석구석 마다
하얀 분칠로 옷을 입혔네

부지런한 멧새들의 발자국
새벽을 여는 인간의 자국들이 도장으로 찍혀
아침을 맞고 있네

햇살로 익어간 은빛 여운
처마 끝에 뚝뚝 떨어진 눈물은
누굴 위한 그리움이며
누굴 위한 슬픔인가

죽비

갈잎 나뒹구는 골목길엔
아리고 시린 애틋한 추억이 되살아나
몽롱한 정신을 죽비로 내리친다

헐벗고 굶주린 지난날의 회상
젊음은 알 리 없건만
동족의 피비린내 나는 살상은 되뇌임직 하련만
철부지 2030세대 어이할까나
되돌리는 세상맛 보고서야
눈을 뜨려나

화려한 이 세상 영원할 수 없는 것
천년의 무궁을 위한 고귀한 내 조국
무엇으로 이루려나
한 마음 한 뜻이 이렇게 어려울까

벽시계

깊은 밤 단잠을 깨우는 정적
짹각 짹각 초침이 걸어오고

움츠렸던 동토의 시간 지나
날렵한 기지개를 켜는 숨소리
똑딱 똑딱 분침이 달려온다

곁에는 새 생명의 움트는 미소가
환한 영혼을 깨워
띵동 띵동 시침으로 날아든다

시공의 순간순간 마다
바람의 흔적이 진을 치고
벽을 깨고 들려오는 종소리는
마음을 떨게 한다

고향의 봄

메마른 동토의 땅에
풀뿌리로 자란 세월의 추억들
연지 곤지 찍은 넝쿨의 장미동산
떠나온 70년 황혼의 그림자

닳고 닳아 문드러진 가느다란 기억들
소꿉장난, 골목대장, 말썽꾸러기,
옹기종기 모여 살던 자자일촌 피붙이들
웃음소리마저 아득하다

연연히 꽃피고 새 울던
초가삼간 벽촌 마을이지만
벌 나비 날아들어
새싹을 띄우는 생명의 원천
내 고향

가슴에 묻어둔 일생의 한(恨)이
워낭의 울음소리로 들려와
겹겹이 녹아내린 그리운 그림자
내 고향 봄소식

살다 보니

잘난 사람 못난 사람
고운사람 미운 사람
많더이다

한 세상
천년만년 살겠다며
네 것 내 것 찾더이다

마음 비워
가벼이 살면
무릉도원 내 몸에 있더이다

청춘이 어제인데
주름진 백발 얼굴
지팡이만 반겨주니

잊지 못 할 그날들
정주고 반기던
그 눈빛이 그립더이다

현충일

푸르름 싣고 날아든
호국의 6월은
멍에로 얼룩진 젊은 피가 뜨겁다

청운의 꿈 잃고
조각난 육신의 피로 밟고 간
전우들의 백두대간

한(恨)서린 소원
뒤로한 채
이곳에 누운 그대들의 원혼들

애틋한 소복의 정으로
당신을 그리는 아픔의 세월
오늘도 장엄한 묵념으로
하루를 여는 이 날

물 향기

태초의 숨 소리인양
맑고 은은한 빛의 조영이 쏟아져
부딪치고 깨어지며 토해내는 군상들

속세의 찌든 때
피멍으로 얼룩진 잔혹한 삶을
향기로 씻어 낸
저 시원한 폭포의 함성

흐르고 흘러 강을 이룬
살아 숨 쉬는 자장가의 고운 소리
신비의 보랏빛 울림이 가득한
향의 제전이여

빛이 주는
소리가 주는
그리고 그 떨림이 용트림하는
저 고운 향의 물보라여

굴렁쇠 삶

달리고 달려
구르고 구르며
굽이굽이 넘어온
일흔 아홉 굴렁쇠 삶

높게 날고
넓게 펼치고픈
욕심의 한을 채우고 채우며
고행의 삶을 자처한 인생

모진 풍파 찬 서리에
갈고 닦아온 형설의 공든 탑
뉘라서 알리요
뉘라서 느끼나요

황혼의 그늘에 서서
돌아본 세월들
찬이슬 머금고
마지막 굴렁쇠 구르는 날 기다리네

가을 편지

푸름이 짙은 가지마다
소슬바람이 찾아와
갈색 엽서를 띄우면

여름내 울다 지친 매미가
솜털 옷을 갈아입고
동토의 꿈 여행을 준비할 땐
황금빛 들판엔
풍요의 손길이 춤을 춘다

새벽을 등지고 떠난 바람의 여운이
고향이 그리워 연서를 앞세워 달려오면
천방지축 아이는 뛰고 또 뛰며
아랫마을 김 노인께 소식 전하려 날아간다

당신은 뉘신가요

밤하늘을 수놓는 은하수 속에
한 점 핵으로 빛을 이룬
당신은 누구신가요

만물의 창조주 당신은
어디서 와서 어디로 가시나요

아픔과 슬픔
목마름과 배고픔 달래주는
당신의 사랑스런 손길은 어디까지인가요

메마른 대지 위에 생명의 숨결을 주는 당신은
신비와 지혜의 화신인가요

밝음과 어두움
세상의 모든 것 녹여 살펴준 당신
그 높고 넓은 가슴은
신의 뜻이 아닌가요

아니,
하늘이며 천지며
우주의 만물인 유일무이한 존재
그분이 아니신가요

조국이여

유라시아 동쪽 반도의 땅엔
허리 굽은 백두대간
금수강산 내 조국

중원을 호령하고
화랑과 선비정신으로
찬란한 문화유산 빚고서

공자 맹자 논어로 문고리 잠가놓고
외세 문화 거부터니
왜구에 빼앗긴 찢어진 내 강산

선열의 피로 찾은
한라와 백두는
자의반 타의반 허리 잘린 반세기

자유와 독재, 민주와 공산의
양 칼을 휘날리는
승냥이의 미소가
내가 살아간 이 조국이란다

은사(恩師)의 정을 그리며

70평생 살아오면서 오늘의 나를 만들러주신 선생님이 그립다. 내 어린 시절 진목초등학교 6학년의 담임 박홍우 선생님이 새록새록 기억에 멈추지 않는다. "소년들아 큰 희망을 가져라"란 급훈을 걸어놓으시고 채찍질 하시던 선생님이 새록새록 그리워진다.

지금은 하느님의 품속에서 그 오랜 옛 추억을 더우면서 그 시절의 어린 저희들을 기억하고 계실지 궁금하다. 생전에 자주 찾아뵙지 못한 죄송함에 오늘도 눈시울이 뜨거워진다. 벌써 선생님이 떠나신지 3주기, 지금쯤 하느님의 품속에서 저희 어린 시절들을 생각하고 계실는지 궁금하다.

가난에 찌든 어린 시절의 추억들. 중학교의 진학이란 꿈에서나 꿀 수 있었던 가난한 시절이었다. 학교가 끝나고 집에 돌아오는 순간부터 소먹이를 위한 풀베기와 부모님의 심부름이 전부인 어린 시절의 추억들이 새록새록 추억을 잉태하고 있다.

봄 여름 가을이 지나 싸늘함이 엄습해온 추운 겨울날이었다. 모든 친구들은 중학교를 가기위한 입학원서를 쓰느라 분주한 시간들이었다. 그러나 나는 가난한 집안 형편에 중학교 진학은 엄두도 못 내고 있었다. 세상 어느 부모가 자식의 공부를 막을 수 있겠는가! 그러나 가난한 집안 형편에 엄두도 못내는 부모님의 심정은 오직 했겠는가.

그때 선생님은 아버님과 큰아버님에게 까지 나의 중학교 진학을 위하여 간곡하게 말씀드리고 있었다. 그러나 집안 형편이 어려운지라 아버님의 승낙을 얻지 못하고 입학원 제출 마감 날이 점점 임박해 오고 있었다. 친구들은 읍내 사진관에서 입학원서에 붙일 사진들을 찍느라 야단법석들을 부리고 있는데 난 운동장 한켠에서 우울

한 표정으로 앉아 소꿉놀이를 하고 있었다. 그때였다. 선생님께서 다가오셔서 왜 빨리 와서 사진을 찍지 않고 있느냐며 심한 꾸지람을 하셨다. 난 엉거주춤 다가가 친구들과는 다른 무표정한 자세로 사진을 찍고 말았다. 물론 사진촬영을 위한 비용 내지 못한 상태였다.

어느덧 원서 마감 날이 가까워 오자 선생님께서는 아버님의 도장을 가져오라고 하시는데 진학을 반대하신 아버님의 도장을 가져갈 수 없었다. 그러자 선생님께서는 분필에 아버님의 성함을 각인하여 선생님께서 직접 구입하신 입학원서에 도장을 찍고 제출하였다.

그 후 입학시험일이 닥였다. 선생님께서는 늦지 않게 학교로 나오면 대절버스가 있으니 다른 친구들과 함께 갈 수 있도록 나오라고 당부하셨다. 나는 들뜬 마음에 아침도 먹은 둥 마는 둥 서둘러 학교운동으로 나가니 이미 대절버스에는 많은 학생들이 부모님과 함께 자리를 잡고 있었다. 그러나 나는 부모님도 없이 혼자서 우두어니 앉아 있었다. 이윽고 시험이 시작되었다. 다행히 시험문제는 그리 어렵지 않았다. 그러나 부모님께는 중학교 입학시험을 보았다는 말도 못하고 끙끙대고 있었다.

며칠 후 우리 고장의 명물인 남해농업중학교에서는 합격자 발표가 있었다. 들뜬 마음으로 많은 학부모와 친구들은 합격자 발표를 보기 위해 학교에 갔다. 처음부터 친구들의 이름을 살피고 내려가는 순간 내 이름이 붙어 있었다. 합격이었다. 친구들이 와서 합격을 외치며 야단법석을 떠는 순간에도 나는 그리 즐겁지만은 않았다.

이윽고 합격통지서를 받아 집에 왔으나 차마 부모님께 합격통지서를 들어 밀수가 없었다. 며칠을 부모님께 말도 못하고 혼자서 긍긍 대다가 이윽고 합격통지서를 부모님께 들어 밀었다. 그러나 무표정한 부모님은 반가운 기색도 없었다. 어찌 자식의 합격통지서에 반갑지 않은 부모가 어디 있겠느냐 만은 가난한 살림에 자식의 합격통지서가 부담스럽고 즐겁지 만은 않았던 것이다.

며칠이 지나 합격자 예비 소집 날이 되었다. 선생님께서는 부모님이 안 오시더라도 혼자서라도 늦지 않게 꼭 나오라고 하셨다. 그러나 아직 등록금도 못된 형편이라 어찌할 바를 모르고 울고만 있었다. 이 광경을 보신 어머니께서는 짜던 베틀의 날줄을 가위로 끊어버리고 벌떡 일어나 어디론가 가시더니 얼마쯤 후에 당숙을 모시고 오셨다.

어머님은 늦었지만 빨리 당숙을 따라 학교에 다녀오라고 성화셨다. 나는 즐거움 반 두려움 반 어찌할 바를 모르고 있었다. 그때 당숙께서는 서둘러 가지며 20리 길을 재촉하고 있었다. 10리길을 부지런히 걸어 읍내의 유림동 장터 입구에 도착하니 다른 학부모님과 점심식사를 하시던 선생님께서 나를 보자말자 뛰어나오시며 혼자라도 오라고 했는데 왜 이제 오냐며 바쁜 걸음으로 나를 데리고 중학교 교무실로 달려갔다.

교무실에는 교무주임 이희봉 선생님이 입학자 명단을 정리하다 나를 보고 다른 학교에 갔다 온 것 아니냐며 입학원서를 접어두고 있었으며 아마도 입학 취소 결정 단계에 있었던 것처럼 보였다.

이윽고 선생님께서 입학 수속을 해 주셔서 등록금고지서와 교과서 대금 등 통지서를 받아들고 집으로 돌아왔다. 그날부터 어머님께서는 길쌈으로 짜던 무명베, 삼베, 모시베 등을 시장에 갔다 팔아 마련해 주신 돈으로 천고만신 끝에 등록금을 납부하고 입학허가증을 받게 되었다.

그날 저녁 어머님은 내 곁에 누우시며 꼬옥 겨 안아 주시더니 "마음고생 많았지? 아버지가 너 중학교에 가는 것이 싫어서가 아니었다. 아버진들 네가 중학교 모자를 쓰고 학교 다닌 아들이 얼마나 보고 싶었겠니 하시며, 넉넉지 못한 살림에 학업을 중도에서 그만

두면 웃음거리가 될까봐 걱정이 앞서서 그런 것이니 이제 부터는 다른 생각은 다 접어두고 열심히 공부하거라" 하시며 위로의 말씀과 함께 꼭 껴안아주신 어머님의 사랑을 잊을 수가 없다.

이윽고 1950년 4월 5일 남해농업중학교의 모표가 달린 모자를 쓰고 입학기에 당당히 참석하여 선생님으로부터 들었던 "소년들아 큰 희망을 가져라" 라는 훈시가 지금도 내 머리를 감돌고 있다.

입학 후 어머님께서는 자식의 학비를 마련키 위해 추위나 더위나 아랑곳하지 않고 채소를 싸들고 25리길의 시장을 맴돌던 그 모습이 지금도 내 가슴을 쓸어내리고 있다. 일생을 통한 선생님의 사랑과 부모님의 은혜를 잊은 적이 없으나 생전에 갚아드리지 못한 아쉬움이 지금도 가슴을 억누르고 있다.

안성자

너 바람아/ 무지개/ 그대 꿈꾸는가
어느 일상/ 지금 이 시간에
나의 기쁨/ 질문/ 오직 하나 일 때는
동그라미 그리다/ 성탄의 기쁨
살아있는 오늘/ 눈물은/ 사랑을 입은 자
소은이 에게/ 그리움

‖ 충청남도 천안시 동남구 안서동 천호지길 2-11
‖ HP. 010.3759.0891

너 바람아

햇빛에 바래다가
허공을 달리던 바람
메마른 사막에서
회오리치다

예기치 않은 오아시스
그 광활한 기쁨
은하수 달빛에 젖어
전설을 엮어내고

초록으로 물든 여린 싹
보랏빛 솔 꽃의 미소가
꽃비를 포옹하여 무지개 피워내다
오색 꽃나비 떨리는 날개 춤
필연의 예술을 잉태하고

아, 그러나
너 바람의 여정은
무한한 고독의 향연
미완성의 낭만

사랑을 갈망하고
자유를 분투하다
동그라미 맴돌아

구름을 그리고 떠나도

아직은
함몰할 수 없는
자유함의 갈망 로고스
아아, 너 무한의 바람아

무지개

하늘과 땅
시간과 공간의 광활한 화폭에

물방울 서린 빛으로
정갈하게 그려낸
신의 명작(名作)

홍수 지난 고통과
생멸의 추억이 주는 기쁨도
아련한 강물로 흘러

태초부터 영원까지
알파와 오메가로 서 계신
일곱 빛 언약

믿음과 사랑으로
꿈꾸는 자의 갈망을 아로새긴
저 영혼의 빛
해맑은 시인의 노래여

그대 꿈꾸는가

성결함의 향기와
온유함의 지혜가
삶의 진리로 덧칠해진 공간

자아의 몸부림으로
끌어 오른 눈물의 한
가시달린 사랑의 시어는
꿈꾸는 자의 길일까

그대 꿈꾸는가
어디로부터 오는
무엇을 향한
누구를 위한
갈망인가

시간과 공간을 조각하며
경이로운 꿈을 향한
조각의 언어 사랑의 시어를
전능자의 뜻을 따라
심비(心碑)에 새기느니

어느 일상

한나절 풀 뽑으며
마당에 꿈을 심고
작은 풀꽃 귀여운 미소
노동이 기도라 하니
움직이는 기쁨이네

들깻잎의 향취
꽃잎 닮은 상추 한 줌
일편단심 민들레랑
님 그리운 뽕잎 따서
아사삭 고추에 싱그러운 한입 쌈

뜸 들이는 밥 냄새 늘상 구수하고
입안에 들어가는 것
그저 다 좋은 것이거늘
속에서 나오는 것
악함의 일색이라니

민들레 홀씨 날아
하이얀 꽃 피어나듯
심을 때와 거둘 때
울 때와 웃을 때
날 때와 죽을 때

눈물 씨앗 사랑 한 톨
일만 번 고쳐 심어
천사의 날갯짓에
환희로 춤추는 날
코람데오*

*코람데오 : 라틴어 하나님 앞에서

지금 이 시간에

과거와 현재와 미래는
지금 여기라는 시공의 앞과 뒤이듯
지금 또한
생애 단 한 번뿐인
오늘이고 순간이란 존재

헛되이 보냄이 찌르는 아픔이니
기쁨으로 노래하며
진리와 긍정만을 위한 삶에
조건 없는 사랑으로
영혼을 불사르라

지나면 후회만이 남을지니
다가오는 날에 희망의 날개 달고
진심어린 행동으로
핑계 없는 땀방울로
성장하라 춤추라

삶의 주역으로서
숨 쉬는 지금 이 순간을
경이롭게 장식하라
생명 그 사랑의 기쁨으로
충만하라

나의 기쁨

한 가닥 햇살이 눈부시고
한줌 바람이 등을 어루만지며
풀꽃들이 미소 짓고
꽃나비가 너울너울 춤 출 때면

내 영혼에 불타는 시심이
한 톨 사랑의 씨앗으로 자라
심장의 고독을 멈추게 하는 기쁨

우주의 빛이고
생명의 빛이신
오직 하나뿐인
나의 기쁨

생명 빛으신 이의 위안이
은총의 빛으로 쏟아져
우주에 충만한 아름다움이라
불꽃으로 타오르는
나의 기쁨이여

질문

안다는 것을 알 때
모른다는 것을 알 때
모른다는 사실도 모를 때
생각과 말의 의미는
어디에 있을까

배움과 공간과 사색의 시간
타인을 배려하는 자세가
자신의 마음 파장에
어떠한 그림을 그리는가

구약 성서에 하늘의 질문
가슴속의 지혜는
누구로부터 오는가
그 지혜로서
구름을 계수할 자 있는가

믿음 안에서 기적을 사는 자가
기적을 말할 수 있을지니
마음이 청결한 자가
신을 볼 것이라 하는
성서의 기록은 독선인가

상식과 논리가
합일점이 없을 때도
무한대의 패러독스가
내 심장에서 기쁨이라면
신과 나 사이에서만
진정한 해답을

오직 하나 일 때는

그리움이 오직 하나 일 때는

아쉬움의 추억을 달래는 일이며
과거와 현재의 등식보다
미래의 함수에 기쁨을 더 할 때 이고

사랑이 오직 하나 일 때는

기쁨과 행복보다
괴로움과 슬픔, 불행의 끝자락까지
감싸 안을 여유와 능력이 있을 때 이며

운명이 오직 하나 일 때는

보이는 것과 끌리는 것에
심장의 선택으로서 담담한
절망으로 끝나지 않을 필연인 것

숙명이 오직 하나 일 때는

마지막 순간까지 놓을 수 없는
결코 놓아지지 않는
인연의 끈인 것이다

동그라미 그리다

사계의 순환
초록마당에 일상의 움직임
동그라미 하나 그리다가
문득 한 톨 밀알을 심어둔다

천군의 땀방울 스민
돌멩이 행렬 틈새
풀꽃들의 화사한 미소에
설레임의 미래 보이느니

천사의 붓이 그리는 채송화
지고지순한 영혼이
아름다운 춤을 추고

동그라미 속에 동그랗게
바람의 추억을 잉태하여
또 다른 한 톨 사랑의 열매가
고운 새들 날아드는
역사를 남길지니

성탄의 기쁨

찬바람 불던 심야(深夜)의 하늘
기이하게 빛나던 별 하나
천사와 목자들의 노래 소리
아기 예수 나신 날
온 누리 밝히신
오 거룩하신 탄생이여

전능자의 이름으로
진리 안에 자유를
자유 안에 치유를
죄사함의 생명의 빛으로
이 땅에 오시던 날

흘리신 보혈이
애통하는 자에게
온전한 기쁨으로
슬픔이 변하여
춤이 되게 하셨네

산들아 바다야 바람아
별들아 천사들아
높으신 이름 경배하라
불멸의 사랑 이루신
메시야를 찬양하라

테 텔리스 타이*
테 텔리스 타이

*테 텔리스 타이 : 다 이루었다(가상 칠언 중에서)

살아있는 오늘

영혼의 힘이
한 줄의 시로 태어나
내 입술의 말과
마음의 묵상이 행동으로 이어져
천상에 이르는 날

사랑을 꿈꾸며
갈망의 향기를 피워 올려
뼈 아린 열정으로
삶을 추구하는 날

이 모든
설레임의 공간에서 떨림의 시간에
아! 자유,
자유를 외치며
아! 오늘,
오늘이 있는
살아있는 오늘

눈물은

슬픔의 골짜기로부터
기쁨의 바다로 흐르는 강물
영롱한 이슬보다 더 아름다워라
바다의 상처가 파도로 부서질 때
슬픔도 아름다워 찬란한 보석

진주조개 찢긴 살 잉태의 핏물처럼
자식위한 어미의 피눈물 간구
가슴에 애끓는 사랑의 떨림
비장미와 숭고미의 전율이 눈물에 녹아
영혼으로 부르는 시인의 노래이리니

눈물은
신께서 인간에게 부으시는
가장 아름다운 선물
인간의 죄성을 비통히 품으시는
신의 핏방울

살아 숨 쉬는 자
신의 품에서만 안식하리니
아 눈물이여
빛나는 기쁨이여
완전하신 사랑이여

사랑을 입은 자

살아내기 위하여
사랑하느니
사랑을 위하여
살아냄이니
'사랑' 낱말의 어원이
감당해 내는 것
치루어 냄이라 했던가

십자가를 감당하고
죽음을 치루어
살려 내신 새 생명
단 한분이 한 번에 이루신
단 하나의 사랑
완전한 사랑
불멸의 사랑이여

새 생명 안에
사랑을 입은 자
빛 가운데 거하여
자기 안에 거리낌이 없으니
진리 안에 자유와
말씀의 거울에 비추어
구별 된 자(성도)로

사랑을 입은 자로서
살아냄이니
살려내려 사랑하느니
사랑의 비밀 안에
기쁨의 전율이 숨었느니

소은이 에게

오월의 귀여운 신부, 내 사랑하는 딸아!
야무지고 당차며 사랑의 대명사가 되어버린 내 아들의 신부, 아니, 내 사랑하는 딸이 결혼한 지 벌써 1년이란 세월이 지났구나.

더 할 수 없는 소중한 네 자리, 네 운명을 예정하신 그 분의 뜻대로 지혜와 영광을 즐거이 노래하여라.
새벽이슬을 차고 나온 한 쌍의 사슴처럼 알콩달콩 세상을 향해 뛰어 노는 그대들의 모습에 흐뭇한 미소를 보낸다.

여자의 일생이란 아니 우리 어리석은 인간들의 생이란 허점투성이의 삶이며 나약하고 어리석기 그지없는 여생이란다. 허나 그 어리석고 나약한 삶을 더 나은 꿈으로 가꾸며 희망의 싹을 키워가는 것이 또한 인생이란다.

귀엽고 사랑스런 내 딸아!
너는 이미 오래전에 내 식구로 예정된 내 아들의 신부이며 내 가족의 핵이다. 사랑과 행복이 하늘의 허락하심 일지라도 다만 발견하여 찾아내는 것이다. 또한 너희 스스로가 만들어가고 창조해 내는 삶이어야 하리니, 진리가 자유케 하는 자리로 나아가기를 축복한다.
힘들 때 참아내며 용서와 사랑으로 주님께 하듯 서로가 섬기는 삶에서 너와 너희의 기쁨이 영원하여라.

너의 웃음으로 너의 모습 그대로 소은이 너의 이름으로 주님의 은총 안에서 승리하여라.
사랑한다
내 딸아, 내 아들아

너희 결혼 1주년에 축복하는 어미로부터

그리움

별과 달과
은하의 빛이 전율로 다가오면
까마득한 그대의 눈빛이
무지개 꿈을 펼치고 서서
아리도록 예쁜 추억의 강물이
흐르고 있네

찬란했던 축복의 꽃 잔치도
어언 몇 해
이승과 저승의 갈림 길에서
서로가 그리움을 달래며
나누었던 사연들
차곡차곡 가슴에 새겼다가

언젠가 다가선 그날
하늘 님의 부름 앞에 서서
당당한 그대를 마주하며
얼싸안고 춤을 추리
회한의 복을 마음껏 누리리라

양정옥

소나무/ 모정(母情)/ 동심(童心)
연등(燃燈)/ 창 밖 풍경/ 꿈
귀뚜라미/ 피고 지고/ 목걸이
눈 속의 마을/ 추억의 옹달샘/ 귀향
청개구리/ 꽃의 대화/ 단비
여름밤의 추억/ 돌담길

서울 중구 서소문길 9길 22-39
HP. 010.2563.0999

소나무

연지동 수영장 가는 길가
나지막한 둔덕에는
잘 생긴 소나무들이 모여
정다운 이웃을 이루고 있다

양지바른 남향을 향해 활짝 핀 청솔
용트림하는 모양
하늘을 받쳐 든 우산 쓴 자태
정담을 나누듯 갸우뚱 고개를 돌린 얼굴들

저마다 형형색색의 몸짓을 뽐내더니
강추위의 긴 터널 속에
침묵만 삼킨 채
눈보라를 맞으며 바르르 떨고 서 있다

동장군 속에서도
남몰래 찾아온 겨울비 손님
옛 연인의 뽀얀 얼굴처럼
찌든 때를 벗고 기지개를 켜며
봄을 부르고 있다

모정(母情)

어머니의 가슴 속엔
큰 산이 자리 잡고 앉아
맑은 옹달샘을 이루고 있다

그 속엔
햇볕보다도 따스한
정(情)이 흐르고
누구도 퍼낼 수 없는 사랑이
샘솟고 있다

땅이 갈라진 가뭄에도 마르지 않고
동지섣달 한파에도 얼지 않는
퍼내고 퍼내어도
늘 넘쳐만나는 옹달샘

그 맑은 물을 먹고 자란
일곱 마리 산새들
오순도순 모여 앉아
모정의 정을 그린다

동심(童心)

꽃그늘에 펼쳐진
병아리들이 알록달록 춤을 추니
시샘하듯 달려든 꽃눈들이
펄펄 나르며 덩달아 춤을 춘다

햇살이 눈짓을 고하고
실바람이 가슴을 풀어헤치며
뛰어든 노란 병아리들이
풍선을 잡으려다
개구리로 넘어져 울음을 토하면
고사리 손들이 몰려와
지지배배 지지배배 홍을 돋고 있다

내 어릴 적
아빠가 불어준 풍선이
하늘을 날다 떨어져 뒹굴던 추억들

저 병아리들의 모습이
노파의 동심으로 자라
꿈을 날리고 있다

연등(燃燈)

대웅전 앞마당엔
소망으로 걸린 연꽃등이
저마다 합장으로 밝혀
하늘을 받쳐 들고 있다

회화나무 가지마다
도량 등이 둥실둥실 떠다니며
뜨락을 무대삼아
승무를 추고 있다

오색찬란한 일주문 앞 등불은
대지를 밝혀
마음마다 불심을 심어주고

들어서는 이들에겐
자비와 평화의 등 나누어 주며
사바의 어둠을 밝혀주고

내 가슴에도 불 밝힌
연등 하나가
어둠을 깨우고 있다

창 밖 풍경

산뜻한 봄바람이 스치고 간 자리에
따가운 햇살이 찾아와 놀고 있는 오후

창밖의 화분엔
노랗고 빨강 꽃들이 방글방글 웃음 짓고
지나가던 나비가 달려와
꽃 향에 취해 너울너울 춤을 추면

정원 한쪽엔
고추, 상추, 가지들이 주렁주렁 열려
입맛을 돋우고
꼬마 병정들이 올망졸망
진을 치고 달려든 방울토마토의 출정식

봄을 지나
초여름의 한가한
우리 집 창밖의 풍경

꿈

밤잠을 설치게 하는
괴이한 영상
달도 별도 아직은 눈을 뜨지 못한
초췌한 어둠의 그늘 속에
오직
괘종시계만이 적막을 깨우고 있다

목표를 향한 도전
끝없는 불굴의 의지를 향해 가야하는
저 머나먼 길

"지금 잠을 자면 꿈을 꾸지만
지금 공부하면 꿈을 이룬다"는
저, 하버드대학 도서관의 낙서가
나를 깨운다

그래, 가야하는 길
가야만 하는 길
꿈을 찾아 떠나야하는 길을 찾아
눈을, 눈을 떠야지
감았던 눈을 떠야지

귀뚜라미

작열하던 태양이 가고
살갑던 빛이 온몸을 감싸는 계절

매미와 귀뚜리는
임무교대를 하는 듯
귓바퀴를 간질이고 서 있다

맴맴맴에서
귀뚤귀뚤 스르르 스르르
하모니가 춤을 추면

잠 못 이루는 밤을 향해
내 곁에선 너의 목소리
나와 함께 브루스를 추며
이 밤을 가꾸자구나

피고 지고

별빛이 쏟아지는 밤하늘처럼
꽃잎들이 낙화하여 대지를 덮고
꽃 잔치를 베풀고

무성한 초목들은
형형색색의 꽃을 피워
수채화로 수놓는
어느 여름날의 풍경

햇님보다 더 크고 둥근
한가위의 보름달이 저물어
그믐달이 될 무렵이면
한잎 두잎 낙엽으로 물든
계절의 슬픔이 오듯

우리의 사랑 또한
황홀의 경지를 지나 구름으로 흘러가는
바람인 것을

목걸이

다섯 살 배기 손자 녀석이
소꿉장난처럼 만든 반짝이는 목걸이

빨주노초파남보
무지개실로 엮고
알쏭달쏭 매달은 구슬을 꿰어

할배의 긴 목에
발돋움으로 걸어준다

주름 잡힌 할배의 활짝 웃는 얼굴엔
사랑이 주렁주렁 매달려 춤을 추고
보조개를 드러낸 손자 녀석
화들짝 웃음으로 행복이 열린다

금목걸이 다이아반지가
이보다 더 귀할까
덕지덕지 손때 묻은
손자의 꽃목걸이

눈 속의 마을

밤잠을 세워가며 달려온 하얀 임
세상은 온통 순백의 황혼에 젖어
옛 선인의 화폭을 연상 한다

나목에 걸린 잎새 하나
억샌 바람결로 떨어져 나뒹굴고
먹이 찾는 까치는
화폭에 소인을 찍고 서서
추억을 물들이고 있다

앙증맞은 새 생명들
호호 눈(雪)을 굴리며 태어나
엄마 아빠 아이의 가족이
마을 한쪽에 서서
온종일 미소로 화답한
평화의 광장이다

추억의 옹달샘

내 어릴 적
사래긴 콩밭을 매던 어머니
베잠뱅이 흠뻑 젖던 무명 적삼에
송알송알 매친 이마의 땀방울이
아롱거린다

보리밥 새참에 시원한 열무김치
산들바람 조개구름 지날 때면
가슴도 후련했지

졸졸졸 시냇물 같은 옹달샘
끊이지 않는 음률에
목 추기고 멱 감던 아련한 옛 생각

오늘도 고향엔
어머니의 따스한 정이
떡갈잎 같은 향으로 울려 퍼지겠지

귀향

찬 서리 내린
토담집 뜰이 그리워
긴긴 세월을 돌아
가슴에 적셔본다

어머니의 따뜻한 가슴이 있고
아버지의 포근한 그늘이 있어 그리운 곳

뒤뜰의 산수유 익어가는 계절에
성황당 맴돌며
소꿉장난의 친구가 보고파
먼 산에 하얀 점선을 그리고 있다

내 그곳을 향한
집념의 시간
그리고 생의 희열을 느끼는 그곳으로
마냥 달려가고 싶다

청개구리

배추밭 이랑에 벗어놓은
아버님의 검정 고무신
농약을 피해 숨어든 미궁의 집에
오순도순 짝을 지어 웅크리고 있다

어쩜 농약보다 더 무서운
큰 발의 집이라는 걸 모르고
꼭꼭 숨어들었을까

행여 다칠세라
행여 놀랠세라
주인이 찾기 전
산수유나무 가지에 앉혀야겠다

자연의 섭리에 순응한 삶
맑고 깨끗함만을 추구한
너의 생애
너의 일생이여

꽃의 대화

돌 담집 귀퉁이에
장대만한 해바라기가 서서
황홀한 미소를 날리며

토방 밑 꽃밭에 앉아있는
채송화를 보고
참 귀엽다며 속삭이듯
귀엣말을 건넨다

듣고 있던 채송화도
하늘을 향해 고갤 치켜들고
야! 키도 크고 얼굴도 크다
넌 몇 살이나 먹었니?

우리 할아버지보다
한참 많이 먹었나 봐!

그들의 대화를 듣던
다른 꽃들이
손뼉을 치며 폭소를 터트린다

단비

무서리 내리던 간밤에
그리도 세찬 바람이
올케의 맑은 미소를 훔쳐가고
몸과 마음까지 빼앗아가더니

이윽고
홀로 남겨둔 남편의 손을 놓고
조상의 품을 찾아 떠나던 날
산천도 노하여 눈물 흘렸다

빛바랜 연둣빛 하늘
오늘도 촉촉한 단비로 내려
새로 입힌 잔디를
어루만지고 있다

세월이, 사랑이 머무는 자리엔
언제나 오늘 같은 단비가
마음을 적시고 있다

여름밤의 추억

먼, 먼
아주 먼 어린 시절

땅거미 짙게 드리워
어둠이 찾을 때면
멍석 옆 모깃불이 타들어가고
자욱한 쑥향에 취한 날것들은
자취를 감추고
깜박 깜박 반딧불만 춤을 추는 밤

별 하나, 나 하나의
별똥별은 은하수를 이루고
계수나무 떡방아를 찍던 토끼는
둥근 가슴을 드러내고 서서
아심(兒心)을 낚고 있다

상큼한 바람이 전해주는
할머님의 옛 이야기
긴 긴 여름밤의 추억으로
내 곁을 찾아온다

돌담길

하얗게 바랜 세월 속에
묵직한 저 힘은 누가 주었을까

거친 폭우에도
녹아내린 빙하에도
끄덕하지 않은 견고함
다정한 저 어깨동무들

칼바람에 찢긴 맨 몸의 핏자국
영원을 약속한 몸들이기에
놓지 않으려는 두터운 손길들

돌과 돌의 연결 고리
흙과 흙의 묵언의 시선들 사이를
만지며 만지며 걷다가
문득 하늘의 찬미와 땅의 융성함이
녹아내린 저 푸르른 돌담길

윤종선

봉원사(奉元寺)/ 유산/ 쓸쓸한 봄
연꽃(蓮花)/ 홀로 사는 삶/ 배려하는 마음
내 인생/ 능소화/ 다섯별
가시버시/ 봄소식/ 5월의 눈
덧셈과 뺄셈/ 고향에 봄이 오면

몸이 아픈 아내와 마음이 아픈 남편
고뇌하는 삶/ 긍정과 부정

▮ 서울 서대문구 천연동 108-7 2층
▮ HP. 010.7107.4327
▮ E-mail. yjs388@naver.com

봉원사(奉元寺)

금화산(金華山) 자락에 우뚝 선
봉원사
꽃이 피고 사람이 오고 가고
곱게 물든 낙엽이 져
하얀꽃이 천지를 덮어도
중생들의 발길이 끊이지 않는
저 단상에 높이 앉으신
부처의 미소는
언제나 고요의 적막만 날리고 있다

유산

삶에 밟힌 그림자
눈치채지 못한 채
그저 눈뜨고 감고
깨웠다 누웠다
시간만 먹고 살았다

삶의 여운이 얼마나 길지
뒤늦은 깨달음이 등골을 엄습한다
잘 살고 못 삶이 중요치 않는
남기고 줄 수 있는 영혼의 힘이
무엇인지 알고 나니
얼룩진 외로움만 남아
쓸쓸한 등을 돌려
멍든 가슴만 쓸어내리고 서있다

밤의 긴 터널을 지나 듯
혼자만의 배란을 낳아
후회치 않을 체온을 남기고 싶다

쓸쓸한 봄
ㅡ 교남동의 봄

까마귀 집처럼 옹기종기 모여 사는 교남동엔
사람 사는 정 말고는
아무것도 드러낼 것이 없는 곳

한때는 난파가 살았고
도가니를 즐기는 박대통령도 찾는
인심 좋고 정(情)으로 소문난 곳이다

세월과 시대의 약이
좋은 건지 나쁜 것인지 알 수 없으나
까치집 헐고 성냥갑 집을 짓는다고
정마저 뿌리치고 흩어진 이웃들
옛날 같은 그 시절 다시 올 수 있으려나

주인 잃은 뜰에는
그날처럼 개나리, 벚꽃, 목련이
시샘으로 피어나 남은 정을 한껏 쏟고 있다

연꽃(蓮花)

분탕진 자리에 초연의 꽃을 핀
넌
누구의 입김이며
누구의 삶이더냐

넓은 잎 드리워
사슴 목 꽃대를 세워두고
순결과 단아한 자태는
어디서 온 귀족의 몸짓이냐

화려함도 매혹도 없는
초라하지만 초라하지도 않는
고결한 넌
누굴 닮은 초연의 꽃이더냐

근심 걱정 번뇌의 망상을
가슴에 담고 선
중생들의 해탈을 꿈꾸던
부처의 얼굴이 아니더냐

홀로 사는 삶

고독과 외로움
슬픔과 가슴 시린 아픔이
오랜 친구가 되었다

혼자라는 삶
가식과 꾸밈이 없어 좋고
행복과 불행의 의미를
거론치 않아 좋다

명예도 영광도
가짐과 버림의 진리만을 간직한 삶
혼자이므로
무소유의 영혼이 아름답다

깊은 밤
가부좌를 튼 사색이
지나온 세상을 음미하며
내 영혼에 맑은 물로 세례를 붓는다

배려하는 마음

삶의 존재는 사랑이며
사랑은 믿음과 신뢰에서 오고
그것은 배려하는 마음에서 존재하는 것

슬픔과 고통은
가슴 아린 눈물에서 오고
눈물은 소리 없는 흐느낌에서 폭발하는 것

기쁨과 슬픔도
사랑도 배신도
삶의 이분법에서 태어난 존재

이해와 용서
믿음과 신뢰가
교차하는 배려가 있다면
삶은 아름다울 진데
삶은 영원할진데

내 인생

잘 살고 못 삶은
죄가 아니다

어차피 사는 세상
비굴치 않고 추하지 않는 삶에
목메어 살았다

어둡고 슬픈 세월
나만의 것이 아니기에
곧은 의지 불태우며
정의만 찾았다

세월이 유수되어
백발에 찌든 얼굴
허리 굽어 살지만
눈과 귀
마음만은 청춘으로 살아간다

능소화

여름밤의 외로움을 달래지 못한
여인의 가슴엔
한(恨)이 서렸단다

애절함이 깊어
독을 품은 여인
기다리고 기다려도 오지 않는
임을 향한 일편단심
구중궁궐의 담은 너무도 높았다

비바람 서리치는
추녀 밑의 쓸쓸하고 애닮은 마음
시리고 닳도록 애간장 녹이는 슬픔이 변해
상사화가 되었단다

만지면 독이 되어
눈이 먼다는 꽃 능소화
임 그리운 애달픈 마음
전설로 피었단다

다섯별

세상에 태어나
사랑 나눈 고희의 삶
무럭무럭 자란 다섯별은
저마다의 생을 즐기며
호수에서 산에서
공원에서 뜰에서 산책으로 떠돌며
빛으로 피어나고 있다

햇살이 주는 밝음과
달빛이 주는 희망을 안고
꽃 피고 꽃 지며
은하의 세계를 맴돌며
즐거움을 토해내는
나의 별들

희망이고 기쁨이며
삶의 모두임을
어찌 말하지 않을 수 있겠는가
고맙고 감사의 마음
어찌 축복하지 않겠는가

가시버시
— 각시와 신랑

떡잎의 가시와 천방지축의 버시가
연을 맺은 쉰 두 바퀴 세월의 그늘

곱고 고운 가시는
꽃잎보다 부드러워
스치기만 해도 금이 가고
개구쟁이 버시는
짓궂은 장난으로 꽃송이 따 휘젓더니

세월의 파도에 휩쓸려
헝클어져 손마디에 뱃살만 올라오고
정수리엔 하얀 서리만 내려
오락가락 춤만 추고 있네

뜨겁던 사랑놀이도 한때
주름진 시간의 상념이 차갑게 엄습하고
희로애락의 잦은 정(情)도
쓸쓸히 잠이 드는 이 밤

봄소식

동한(冬寒)의 구름이 걷히고
가지마다 토실토실 씨눈이 돋는데
지난해에 이어 금년에도
봄은 지각을 하나 보다

누구와 그리도 좋아 수다를 떠는지
간밤에 길을 잃고 헤매고 있는지
목을 맨 키다리 총각
눈물을 글썽인다

기왕에 오려거든
단거리로 달려와
종달새 입 소식으로
날 반겨주렴

5월의 눈

냇가 언덕배기 마다
하얀 눈이 소복이 내렸어요
겨울도 아닌 봄에
봄도 아닌 겨울이 다시 찾아오는 양
흰 눈이 펄펄
연인들의 가슴을 뛰게 해요

골목마다 경희궁 뜰을 돌며
마당쇠처럼
쓸고 또 쓸며 눈발을 걷었으나
오늘은 그냥 그대로
그대로가 좋아 소복을 입힐래요

바람이,
봄바람이 불어
내 곁을 스칠 때면
벚꽃 잎, 아카시아 잎
너울너울 춤을 추고 향기를 뿌리며
꽃눈이 나리 내요

덧셈과 뺄셈

하나 더하기 하나는 둘이고
때론 하나이기도 하다
둘은 남남이고
하나는 한 몸이며
그건 부부이기도 하다

세상사 덧셈과 뺄셈이며
곱하기며 나누기인가

덧셈은 청춘이며
뺄셈은 노년
곱셈은 장년이며
나눗셈은 노년이다

길고 짧고는 셈법의 존재이나
곱하고 나눔은 인성의 존법이다

고향에 봄이 오면

계백의 혼이 살아 숨 쉬는 곳
충곡리(忠谷里) 땅
바다보다 넓은 저수지
하늘보다 높은 충절의 기상이 넘친
그곳이 내 고향

들녘엔 햇살이
버들가지엔 실눈의 웃음이
봄나물이 지천에 널려
사뿐사뿐 걸어 나오고

산 넘어 펼쳐지는 진달래 향
백목련 철쭉이 너울너울 춤을 추며
아스라이 터지는 울림이 있는
그곳이 내 어린 동심의 고향

예나 지금이나
변하지 않는
오직
충절과 자연의 냄새만이 살아있는
내 고향산천

몸이 아픈 아내와 마음이 아픈 남편

우리들의 삶은 지극히 가난한 시대를 숙명적으로 타고 태어났다. 먹고 입고 자고하는 것 자체가 사치일 만큼 어려운 시대를 살았다. 그러면서 죽지 못해 살아가는 처절한 삶이었다. 먹을 것이 없어 논밭을 휘젓고 다니며 주워온 손가락만한 고구마 뿌리며 쌀 한 톨 없는 새까만 꽁보리밥을 먹는 것도 행복이었다. 먹을 수 있다는 기쁨과 허기진 배를 채울 수 있었다는 기쁨만으로도 곧 행복이고 지상낙원의 삶이었다.

가난은 죄가 아니다. 그럼에도 불구하고 죄인 아닌 죄인 인양 비참함을 참고 살아야 했다.

큰할아버님은 정3품 통정대부란 버슬을 하여 다소 여유 있는 생활을 할 수 있었으나 친 할아버님은 결혼 후 일찍이 할머님이 돌아가셔서 홀아비로 살으시며 떠돌이 인생이 되어 버렸다고 한다. 그러다 보니 아버지의 삶 자체도 고향이 없는 떠돌이가 되었었다. 그 후 어렵게 결혼을 하여 처가인 논산군 부적면 충곡리에 터전을 잡고 살면서 자연스럽게 나의 고향이 되었다.

그곳은 지형이 높고 저수지가 없어 천수답을 이루고 사는 마을이었다. 지극히 비의 영향에 따라 농사가 되고 안 되는지라 가난은 필수였다.

가난한 살림살이에도 불구하고 우리 형제는 6남매였다. 그러나 가난을 천명으로 태어난 우리 형제자매들은 학교를 간다는 것 자체가 허황된 꿈이었다. 그럼에도 불구하고 나는 공부에 대한 열정이 남다르게 있었다. 그리하여 고종사촌 형의 도움으로 부적초등학교와 논산읍에 있는 기민중학교를 졸업할 수 있었다. 그러나 직장을 찾을 수가 없어 전전긍긍하다 무작정 서울로 상경하였다. 그날부터 먹고 살기 위하여 막노동과 주방 일을 거두르며 사회인이 되었다. 부모와 동생들을 보살펴야 한다는 일념으로 죽기 아니면 까무러치기라는 식으로 밤잠을 모르고 열심히 일했다. 많지 않은 월급이지만 열심히 모아 시골의 부모님께 보내드렸다. 가난에 찌든 삶을 뼈저리게 느끼고 살았기에 부모님의 남은여생이나마 고생을 덜어 드려야한다는 일념으로 논밭이라도 사라고 모은 돈을 보내드렸다.

그 후 어렵사리 결혼을 하고 아내와 함께 시골 부모님을 찾아뵈었으나 논밭은커녕 그 찌든 가난은 그대로였다. 자식의 피나는 땀으로 번 돈으로 호의호식하며 자랑만 늘어놓았다는 것이다. 그리하여 더 이상 시골생활을 할 수 없어 아내와 함께 서울로 다시 올라왔다. 그 곳이 바로 현재까지 살고 있는 서대문구 냉천동이다. 내 일생의 버팀목이요, 삶의 터전이었으며, 생의 보람을 찾는 곳이 바로 이곳임을 나는 자랑스럽게 생각한다.

아내와 함께 젊음을 바쳐 뼈가 부서지도록 일했고 동생들과 자식들을 낳아 키우며 훌륭한 사회인으로 성장 시킨 곳이기에 더 더욱 자랑스런 곳이다. 나의 가난을 자식들에게 만큼은 물려주고 싶지 않아 한에 맺힌 공부를 자식들에게는 모두 다 대학교육까지 시켰다. 그 결과 훌륭한 사회인으로서의 역할을 충실히 하고 있으며 그들의 효심에 감동을 받기도 한다.

그러나 인생의 복도 한계가 있는 것 같다. 11년 전 뜻하지 않은 아내의 지병을 알게 되었다. 대학병원에서 위궤양으로만 알았던 지병이 위암 3기라는 청천벽락 같은 선고를 받았다. 평생 살기 위해서 아내에게 고생만 시켰던 나 자신이 미웠고 후회스러웠으며 한없는 눈물만이 앞을 가로 막고 있었다. 평생 남에게 못할 일 안했으며 성실과 노력으로만 살아왔는데 왜 내가 이런 고통을 받아야 하는지 원망스럽기도 하였다. 그러나 원망으로만 아까운 시간을 보낼 수는 없는 일이었다.

지금부터라도 아내를 위한 삶을 살아야 한다는 생각에 나의 모든 삶의 일정을 바꾸고 말았다. 단 하루 단 몇 시간이라도 아내를 떨어져 있으면 불안하고 초조한 생각이 든다. 내 삶을 아내를 위한 삶으로 바꾸고 나니 모든 것이 너그럽고 부드러워 지며 사랑과 봉사의 자세로 바뀌어져있음을 알았다. 참으로 행복하다.

남을 위한 삶, 남을 위한 봉사의 정신이 이처럼 행복함을 이제야 깨달았다는 사실에 부끄럼도 느끼지만 이제라도 알았다는 사실에 감사한다.

내 일생을 바쳐 지낸 이곳에서 마지막 남은여생도 사랑하는 아내와 함께 이곳을 지키고 싶다.

고뇌하는 삶

세상의 무기력증에 걸린 노파의 한이 새삼스럽게 느껴진 하루다. 그러면서도 배움에 대한 열정을 버리지 못해 오늘도 병든 아내의 등을 비우고 노인종합복지관을 찾고 있다. 언제부터인가 컴퓨터와 중국어를 배워 젊은이들과 어울려 볼 것이란 기대를 안고 시작한 공부였다. 그러다 우연히 알게 된 문학반의 수업을 듣게 되면서 또 다른 욕심을 갖게 되었다. 참 인생의 즐거움이 이것이구나 하는 생각에 내가 살아온 인생 이야기를 글로 쓰고 싶었다.

칠순이 넘은 노인의 글이 변변치 못하겠지만 나름대로 살아온 오늘의 후회를 적어본다. 9년 전 어느 날 아내의 건강검진을 위하여 일산 암센터에서 검사를 받았다. 위암 3기라는 엄청난 검사 결과를 듣는 순간 세상이 무너져 내려 앉았다. 가슴이 무너져 내리고 머리는 동공의 상태였으며 발은 힘이 빠질 대로 빠져 일어설 수조차 없었다. 이제 난 어찌 살아야하며 아내의 병 수발을 어찌 감당해야 할지 그저 앞이 깜깜하였다.

젊어서부터 아내에 대한 고마움과 그 갸륵한 정성에 온갖 사랑을 다하여 돌봐주지 못한 삶이 이제야 후회스러워 미칠 것 같았다. 그러나 이미 지나가버린 먼 먼 옛날의 기억들, 무엇으로 어떻게 보답해야하고 어떻게 치료를 해야 하며, 내가 할 수 있는 일이 무엇인가를 며칠을 두고 생각해 보았다. 생각할수록 나의 어리석음에 미칠 것 같은 후회만 범람하고 있었다.

그러나 후회만 앞세워 이렇게 있을 수는 없었다. 의사 선생과 상의한 후 수술을 결정하고 입원한 뒤 3일 만에 수술을 하였다. 수술을 집도한 의사가 아내의 몸에서 나온 암 덩어리를 시험관에 넣어 가지고 나와 보여주는 것이었다. 참으로 큰 충격이었다.

이제 얼마나 살지 모르는 아내 곁에서 젊어서 잘해주지 못한 벌로 내 목숨을 다 바치겠다는 각오를 하였다. 이후 아내의 마음부터 우선 편하게 해 주어야겠다는 생각에 집안일이며 식사며 빨래에 이르기까지 모든 일을 도맡아 하게 되었다. 한 달에 두 번씩 항암치료를 병행하며 고통을 이겨내고 있는 아내를 지켜보는 마음은 하늘이 무너지고 땅이 꺼지는 듯하였다.

몸은 매일같이 야위어가고 머리카락마저 빠져들고 있었다. 눈으로 볼 수 없었고 마음은 갈기갈기 찍기는 듯 아내 몰라 눈물도 많이 흘렸다. 늦은 후회에 속죄라도 해야겠다는 심정으로 매일같이 선한 일을 하나씩 해야겠다고 마음먹고 실천에 옮기기로 하였다.

처음엔 골목 청소에서부터 쓰러져가는 가로수에 물주기, 노파가 이끄는 수레를 밀어주는 일 등 다양한 봉사로 내 삶의 질을 바꾸어 가고 있다. 그러는 동안 주위의 사람들로부터 뜻하지 않은 칭찬을 듣게 되고 선행의 표본이 되어있었다. 아내의 힘든 병이 우리 집안에 또 다른 삶을 잉태해 주었으며 부부간의 사랑과 정이 얼마나 중요한가를 새삼 깨우쳐 주는 기회가 되었다.

이러한 생활이 일 년 이 년 그리고 구 년이란 세월이 지나면서 아내의 병은 조금씩 조금씩 좋아지는 듯 호전의 기미를 보이고 있었다. 그간 아내의 몸과 내 마음의 아픔이 주는 상처는 이제 조금씩 치유되는 것 같아 참으로 다행이라는 생각이 든다.

그간 나의 무심한 생활에도 묵묵히 보살펴 준 아내의 그 깊은 마음과 사랑의 힘이 뒤늦게나마 나의 깨우침으로 일깨워 준 아내에게 고마움과 감사를 전하고 싶다. 더 이상의 후회를 갖지 않기 위해서라도 죽는 날까지 아내를 위한 헌신의 삶을 살고 싶다.

긍정과 부정

세상을 살아가는데 있어 긍정과 부정의 양면성은 누구나 가지고 있는 것 같다. 긍정적인 사고를 택하는 자에게는 매사가 즐겁고 행복하다. 그러기에 모든 면에서 활발하고 적극적이며 창조적이다. 반면 부정적인 사고의 소유자는 매사가 불만족스럽고 짜증이 섞이며 싸움을 거는 양 도전적이다. 그러기에 주위에 사람이 없을 수밖에 없다.

그러므로 어떤 사고를 택하느냐에 따라 삶의 방향과 질이 바뀌고 생각과 뜻이 바뀌며 만족과 성공의 갈림길이 오기도 한다. 그러나 인간인지라 그때그때의 마음의 변화와 상처에 대하여 각자의 인격과 교양에 따라 극과 극을 달리하는 삶을 살기도 한다.

오래전에 나는 아내가 암이라는 병을 얻어 오랜 세월을 고생하고 있다. 간호를 하다 보면 고생스럽기도 하고 짜증도 난다. 그러나 사랑하는 아내의 투병생활을 생각해 보면 나의 고생은 별것이 아니다 라는 생각이 든다. 간호하는 사람이 매사에 신경질 적이고 짜증섞인 언어로 환자를 간호 한다면 환자의 상태가 좋아지기는커녕 오히려 더 악화되어 금방 불구의 몸이 되거나 죽고 말 것이다. 그러나 간호한 사람의 마음이 매일같이 웃음과 즐거운 표정으로 환자를 간호한다면 환자 역시 남편의 고생을 덜어주고자 더 용기와 힘을 내 삶의 의욕을 얻어 곧 회생할 것이다 라는 생각으로 마냥 즐거운 마음으로 생활해 왔다.

젊어서 하지 못한 데이트도 즐기며 외식은 물론 아기들의 걸음마처럼 아장아장 손을 잡고 산책도 즐겨 보았다. 그러한 덕인지 세월이 지나다 보니 우선 내 마음이 편해지고 행복해 짐을 느끼고 있다. 덩달아서 아내의 병도 많이 호전이 되어 이제 제법 살맛나는 생활을 하고 있다. 생각의 차이란 별것 아닌 것 같으나 그 결과는 엄청나다는 사실을 뒤늦게 깨달을 수 있었다.

미움보다는 예뻐함을, 시기와 질투보다는 칭찬과 배려로 마음을 열어 주며, 자신보다는 먼저 타인을 배려하고 서로가 서로를 믿음과 사랑으로 보살피고 의지한다면 우리가 사는 이 세상이 얼마나 아름답겠는가. 부정을 위한 긍정과 긍정을 위한 부정보다 긍정을 위한 긍정의 생활 자세를 우리 모두 가져보았으면 한다.

이근호

인생살이/ 채색된 인생/ 고갯길
가지산을 오르며/ 어느 여름날/ 가을 바다
서당 글/ 황혼의 아름다움
초가집/ 신돌석(申乭石) 장군

봉선화 사랑/ 내 고향 무척산

서울 종로구 자하문로 7길 51
HP. 011.590.0438

인생살이

실개천 도랑물이 졸음을 타고 흘러
유유자적 강물이 되어
깊고 넓은 바다를 향해 하듯

인생의 삶 또한
이슬 맺힌 향으로 피어
비바람 눈보라 폭풍으로 자라

사납기도 온순하기도
홍분과 천사의 미소도 날리며
극과 극의 갈림길 오가며
하루하루의 꽃을 피는 것

어제의 악몽이
오늘의 꿈이 되고
내일의 미래가 되듯이
바람 따라 구름 가듯
홍으로 비친 미소로
한생을 살라하네

채색된 인생

젊어선 붉은색
중년에 청록색
노년엔 노을빛 황금색

봄꽃으로 머물다
여름 꽃으로 활짝 피어
가을꽃으로 씨방을 향하듯

한가한 삶의 여백에
캔버스를 들고 화상을 뒤덮으니
어깨춤에 흥이 겨워
맥박이 요동치는 삶

빛과 어둠의 조화가 무엇이며
선과 선의 미가 무엇인지 알 수 없으나
호흡과 맥박에 따라
밝아진 색감의 삶
이것이 무릉도원 아니던가

고갯길

먼 옛날 고갯길은
헐떡이는 숨이 차올라
울울창창 숲속에 누워
쉬어 넘던 길

진달래꽃 생긋 생긋
솔바람 솔솔
들국화 향 따라 낙엽이 물들고
소복소복 쌓이던 눈 덮인 오솔길

언제부턴가
정겹던 그 길은
아파트가 병풍을 두르듯
파아란 하늘마저 보이지 않고
아스팔트 길 따라
차량들만 범람하고 있듯

인생 또한
굽이굽이 열두 굽이 돌고 돌아
옛 모습 찾을 길 없어
정도 그리움 추억도 없는
말라버린 세상 길

가지산*을 오르며

살랑 살랑 바람의 여운을 안고
산행 길에 나서
신록에 흠뻑 젖은 비탈길 따라
석남사에 오른다

석산으로 둘러친 쌀바위* 산장엔
선인들의 향기가 묻어나고
땀을 식힌 오미자차가 피돌기를 돕는다

천이백 미터 정상엔
운문, 재약, 신불, 간월, 영축산이
동서남북으로 병풍을 치고 서서
한 폭의 동양화를 수놓고 있다

누가, 이곳을
영남의 알프스라 했던가!

대자연의 넉넉한 모습과
초여름의 시원한 바람의 향이
이처럼 아름다울 줄이야

* 가지산 : 울산광역시 울주군에 있는 산(1,240M)
쌀바위 : 쌀이 바위에서 나왔다는 전설을 지닌 바위

어느 여름날

무덥다 못해 뜨겁고
뜨겁다 못해 화상을 입은
여름 볕

온난화의 이상기온
천재가 아닌 인재인 것을
어찌하여 깨닫지 못하고
세월 탓만 하는가

세월이 지겹거든
숲속을 찾아
풀내음 흙냄새 향에 취하여
콸콸 쏟아지는 계곡물에 고향산천 불러보라

싱그럽고 달콤한
햇살바람에
청춘의 덫이 살아나리니

가을 바다

여름 내내 몸살을 앓던
갯비린내 출렁이는 바다엔
뿌리고 떠난 추억들만 남루하여
쓸쓸함만 더해진 초록 섬

밀리고 쓸려간 파도 음에 따라
끼룩끼룩 춤을 추는 갈매기들의 오후
고요함 보다 쓸쓸함이
쓸쓸함 보다 적막함이 맴도는 곳

해송이 휘파람 소리를 내면
파도는 하얀 포말로 쏟아져 내리고
늘푸른 하늘과 바다는
한 몸을 이루는 부부가 되어
조용히 눕는다

서녘 노을이 깊게 물들 즈음
하늘과 바다가 닿는 수평선엔
가을 빛 갯내음이 차분히 스며드는
가을 바다

서당 글

내 어릴 적 천지현황, 노자, 장자
천자문을 배웠으나
세파에 얽매어 무정세월 보냈네

삼 십 성상 인생의 극점을 돌아
고전(古典)에 뜻을 세워
배움의 터 연봉서당 찾아왔네

선현의 가르침 높고 맑은 가을 하늘이라
혼탁한 세상 등불처럼 길잡이 하니
그 고운 향기 영원하리다

배움이 익어 가면 그립던 고향 찾아
풀내음 흙냄새 물씬 난
초간 삼 칸 서당지어
뜻있는 총생들 불러 모아
옛 선인들의 말씀과 인성을 전하리

황혼의 아름다움

세월의 나이
인생의 나이는
하나같지만 서로가 다른 것

모진풍파 얼룩진 세월로
검버섯 주름진 얼굴은 고목이 되어가도
웃음과 끼로 살아간 인생 삶은
언제나 늘푸른 소나무인 것을

메마른 삶 보다
윤기 난 인생 목표
극과 극이리니

타오르는 욕망에 모닥불 피워 물고
희망에 등불 밝혀 꽃을 피워서
태양처럼 불타는 황혼이게 하리

초가집

멀고도 먼 옛날이 되어버린
정과 혼이 숨 쉬는 조상들의 쉼터
초가집

호롱불 밝혀
호랑이 담배피던 이야기며
이숍과 우화를 나누던
까마득한 세월들 지나

산업화란 이름아래
헐리고 깎여버린
추억의 이름들
이젠 어디에도 찾아 볼 수 없는
아득한 초가삼간

추수와 함께 갈아입던
황금 빛 둥근 지붕엔
언제나 어머니의 포근한 서정
이젠 민속촌의 볼거리 문화로 전락된
우리들의 슬픈 이야기들

신돌석(申乭石)* 장군

금수강산 이 땅에
왜풍이 몰아쳐
벼랑 끝에선 조국을 위한 삶

용맹의 젊은 혈기 힘차게 일어난
평민의 의병장 돌석장군

가족과 일신을 던져
구국의 일념을 앞세운
민족의 영웅
민족의 태양이여

그대의 높고도 큰 영혼(靈魂)
역사에 빛나리니
이 강산 이 민족의 뿌리에 잠들리라

*신돌석(1878~1908) : 경북 영덕군 축산면 도곡동에서 출생, 평민출신으로 의병을 일으켜 일본군에 맞서 싸우다 순직함

봉선화 사랑

어린 시절, 고향집 뜰엔 해바라기, 접시꽃, 채송화, 봉선화가 만발하고 황금벌판을 이루는 들엔 오곡백화가 무르익고 있었다. 낮엔 개구쟁이 친구들과 물장구치며 송사리와 미꾸라지를 쫓고, 해질녘이면 누이와 함께 봉선화를 따 담고 손톱에 물들이던 그 어린 시절이 새삼 그리워진다.

왜 하필이면 봉선화를 좋아 했을까? 앙증맞은 꽃이어서 아니면 손톱에 예쁘게 물들여서, 그것도 아니라면 민족의 정기를 담는 꽃이라서 인지도 모른다.

아무튼 내 인생의 주제곡으로 자리매김한 건 분명 '봉선화' 이다. 봉선화란 일명 봉숭아라 부르기도 하며 김형준 작사, 홍난파 작곡으로 1920년대 한국 가곡의 시초라고도 한다. 이 곡은 당시 우리 민족이 일본에 항거하는 울부짖음의 노래였고 일제는 한동안 이 노래를 금지곡으로 지정하기도 했다. 이 시대의 우리 가곡들은 서구 문물이 도입된 19세기 말과 20세기 초를 전후하여 자연스럽게 만들어진 서구형의 우리 말 노래들이다. 또한 이시기의 가곡중 이은상 작사, 박태준 작곡의 '동무생각' (봄의 교향악이 울려 퍼지는 청라언덕 위에 백합 필적에...)도 지금에 이르기까지 우리 국민들에게 폭 넓은 사랑을 받는 가곡으로 널리 불러지고 있다.

뿐만 아니라 우리 가곡 봉선화는 춘하추동 사계절을 상징하고 있다. 따뜻하고 훈훈한 봄바람에 만물이 약동하듯 파릇파릇 새싹이 피어나는 봄의 환상과 뜨겁고 열정으로 가득 찬 길고 긴 여름철을 아름답게 수놓는 꽃의 자태며, 솔솔 부는 가을바람과 함께 꽃잎은 떨어지고, 찬서리 몰아친 북풍에도 견디어 피어나는 의젓하고 꿋꿋한 자태다.

이 모든 것이 우리 인생의 삶과 닮은꼴이어서, 그리고 우리의 파란만장한 역사와도 닮아서 더더욱 좋아한다.

우리의 육신은 영원할 수 없듯이 쇠퇴해 가지만 우리의 문화유산이며 자랑스러운 역사관과 예술은 영원불변한 것처럼 사랑하고 가꾸어 가고 싶다.

'봉선화' 이름만 들어도 가슴이 흔들린 내 마음의 봉선화다.

울밑에 선 봉선화야 네 모양이 처량하다
길고 긴 날 여름철에 아름답게 꽃 필적에
어여쁘신 아가씨들 너를 반겨 놀았도다

어언 간에 여름가고 가을바람 솔솔 불어
아름다운 꽃송이를 모질게도 침노하니
낙화로다 늙어졌다 네 모양이 처량하다

북풍한설 찬바람에 네 형제가 없어져도
평화로운 꿈을 꾸는 너의 혼은 예있으니
화창스런 봄바람에 환생키를 바라노라

내 고향 무척산

내 고향은 경남 김해이다. 시골집에서 약 2km를 가면 김해에서 제일 높은 산 무척산(703m)이 높이 솟아있다. 무척산은 김해시 상동면과 생림면의 2개면에 걸쳐있다. 봄이면 진달래꽃이 만발하고, 여름이면 푸른 숲이 울울창창 우거져 가히 절경이라 할 수 있다. 가을이면 만산홍엽이 춤을 춘다.

산의 서쪽 중턱에는 2천년의 고찰 모은암이 있다. 모은암은 가락국 김수로왕 때, 인도 아유타국에 계시는 허왕후의 부모님 은혜를 기리기 위하여 세운 절이라고 전해지고 있다. 김수로왕과 허왕후(허황옥)의 결혼은 우리나라에서 최초의 국제결혼으로 알려져 있다.

모은암은 어머니를 위하여 바로 강 건너 얼마 멀지 않은 곳 밀양땅 삼랑진에는 부은암이 있다. 아버지의 은혜를 위하여 김해 땅 한림방면에는 자식을 위한다는 자은암이 있다. 모은암 뒤쪽에는 큰 바위가 병풍처럼 빽빽이 펼쳐있고, 암자 옆 아주 큰 바위엔 신라시대 원효대사께서 수도를 하셨다는 바위굴이 자리 잡고 있다.

어린 시절 이곳 모은암에서 가까운 숲속에 멱을 감는 샤워장이 있었다. 큰 바위 틈새에서 약수물이 흘러, 여름엔 인근 마을 사람들이 멱을 감는다. 점심으로 국수를 삶아먹고, 물을 맞고 또 쉬었다가 물을 맞곤 하였다. 그 약수물로 멱을 감으면 피부병이 없어진다며 좋아했다.

겨울철에는 물이 얼지 않아 냉수마찰도 하였지. 지금은 아랫마을에서 몇 백 미터 긴 파이프를 이용하여 생활용수로 쓰고 있어, 그 옛날 멱을 감던 아름다운 모습은 한낮 추억으로 사라져 버렸지.

모은암에서 산중턱을 조금 오르다보면, 넓직한 큰 바위에 암벽타기(록클라이밍) 연습장이 있다. 주말이면 많은 등산객들이 여기서 바위를 타고 오르락 내리는 산악훈련을 한다. 산의 동쪽 8부 능선에는 역시 가락국 때 세웠다는 백운암이 자리 잡고 있다. 이 암자에는 물맛이 너무 좋은 약수가 있다. 법당 뒤 큰 바위틈에서 흘러내리는 물은 여름에는 너무 차가워 물을 마시면 이가 시리고 주변에 모기가 없을 정도이다. 가락국 때는 이 무척산에 절이 12군데나 있었다고 한다. 그러나 지금 남아있는 고찰이라고는 모은암과 백운암 2곳 밖에 없다.

산 정상 바로 아래 천지못이 있다. 보트놀이를 할 만큼 약 2,000평 정도의 넓은 못이다. 우리나라에서 산 정상에 못이 있는 곳 3개 중의 하나라 불리고 있다. 백두산 천지못, 한라산 백록담, 이곳 무척산 천지못이다.

이곳에 천지못을 조성했다는 전설이 있다. 가락국 김수로왕 장례식 때, 하관을 하려고 하니 그 자리에 물이 고여 지관(풍수)의 하는 말이 이곳 무척산 정상에 못을 만들면, 김수로 왕릉자리에 물이 고이지 않을 것이다 하여, 천지못을 만들었다는 이야기가 전해지고 있다.

천지못에서 흘러내리는 폭포는 늦봄까지 얼음이 녹지 않고 하얗게 맺혀있다. 마치, 멀리서 보아도 희고 깨끗한 옥양목천을 걸어놓은 모습이다. 못 주변에는 그 옛날 하늘로 통한다는 통천사라는 절이 있었는데 1950년대쯤 그 절을 무당에게 넘겨, 무당의 딸은 부산 고신기독교대학에 다녔는데 6.25전쟁발발 후 이 자리에 교회를 지었다고 한다. 차츰 기독교 신도들이 모여들어, 지금은 이곳이 기독교 기도원으로 운영되고 있다.

천지못에서 가까이 있는 산 정상을 오르면 동서남북사방이 발아래 펼쳐 보인다. 낙동강이 유유히 부산 앞바다로 흘러간다. 동남쪽은 부산이 바로 눈앞에 보이고 서쪽은 창원, 북쪽은 낙동강 건너 밀양 땅이 지척에 있다. 산 정상, 시원한 바람이 너무 좋다. 푸른 하늘엔 흰구름이 두둥실 흘러가고 가끔씩 들려오는 새들의 아름다운 노랫소리가 더욱 정답다.

아! 내 고향 무척산, 늠름하고 거룩한 그 자태, 너무 너무 자랑스럽다.

이순자

글을 쓰는 이유
세상에 빛이 없다면

회상(回想)/ 가훈(家訓)
어린 손자의 명언/ 일기쓰기
어머니/ 내 이름 석字

서울 송파구 문정로 83 114동 1101호(문정래미안Ⓐ)
HP. 010.6252.6546

글을 쓰는 이유

나
말하고 싶고 느끼고 싶어
글을 쓴다

그대 있음에
나 있어
허공을 향해
두 손을 모으며

이 아릿한 마음 잊으려
부치지 못할 낙서 일지라도
핑계 삼아 써 본다

그 쓸쓸함에 그리움을 덧칠하여
둥글고 예쁜 하트를 그려
날려 보낸다.

세상에 빛이 없다면

세상에 빛이 없다는 건
태양이 없다는 것

그것은 곧
식물도 동물도
아니 미생물까지도
존재치 않음을 의미하는 것

시간과 공간
삶과 죽음의 철학이 합당치 않는
세상이 아니겠는가

허나
조물주의 섭리만이 존재하는
가공의 세상
그 곳 만이 유일한
빛의 세상이 아니겠는가

회상(回想)

세월이 무심토록 흘러 주름진 얼굴에 회한만 드리우는 어느 봄 나절의 한때. 잊었던 추억들이 새록새록 피어오른다. 젊은 시절 이른 아침 감은 눈을 뜨지 못한 채 주섬주섬 더듬어 담배 연기를 뿜어내던 그이. 20대부터 새벽 담배에 맛을 들인 고질병의 습관을 가졌단다. 그토록 싫어했던 담배 냄새가 어느 순간 내게도 라일락의 향처럼 살포시 피어오고 있었다. 아마도 사랑에 취한 마법의 연기가 아니었나 싶기도 하다.

어느 날이었다. 라디오에서 간통에 대한 법률적 해설이 흘러나오고 있었다. 그 말을 듣는 순간 하던 일을 멈추고 "당신은 간통하지 마세요. 나는 고소하는 방법도 모르니까." 했더니, "걱정 마, 내가 데리고 다니면서 다 가르쳐 줄게!" 한다. 웃음이 절로 난다.

삼남매를 앞에 둔 밥상머리에선 "아빠가 너희 엄마를 안 만났으면 어떻게 할 뻔했니? 분명 나 들으라고 하는 좋은 말인데 조금은 헷 갈리는 말 같기도 하다. 그런데 또 한 번은 친구들과 술을 마시다 2차는 술값 안 드는 곳으로 가지며 늦은 밤에 우리 집으로 몰려왔다. 갑작스레 들어 닥친 손님들에 당황 할 수밖에 없었으나 어찌 할 방법이 없어 양주와 얼음, 마른안주 등을 주섬주섬 차려 들고 들어갔다.

친구들은 "사모님도 앉으세요. 사모님도 한 잔 하시죠?" 한다. 어쩔 수 없이 옆자리에 앉아 술잔을 받으며 "전 술 못해요, 조금만 주세요." 하니 그이는 웃으며 "우리 집 사람은 모든 면에서 나 보다 우월하여 술도 잘 하니 꾹꾹 눌러 주라"며 또 거들고 있다. 그러자 옆 친구가 "이 집 아이들은 누굴 닮아 공부도 잘하고 이렇게 착하지요?" 하니. "머리는 나를 담고 끈기는 저 사람 닮았지." 하고 맞받아치고 있었다.

순간적으로 '내가 끈기가 있나? 아니 술도 잘 못하지 않나!' 어쩜 우롱이고 재롱 같다는 생각에 웃음 아니 미소가 살며시 피어나고 있었다. 참으로 재미있고 재치 넘치는 사람이었다. 뿐만 아니라 라디오에서 흘러나온 하수용의 '아내에게 바치는 노래'의 마지막 소절인 '나는 다시 태어나도 당신만을 사랑하리라', 나 송민도의 '나 하나만의 사랑'의 '나 혼자만이 그대를 사랑하여 영원히 영원히 행복하게 살고 싶소'를 따라 부르며 익살스런 미소를 던져 주던 모습이 선홍빛 태양처럼 가슴을 뭉클하게 하고 있다.

그러면서 "이 노래의 가사는 보통 유행가 가사를 쓰는 사람이 쓴 것 같지가 않아. 너무 가사가 마음에 들어. 특히 마지막 부분에 나는 다시 태어나도 당신만을 사랑하리다. 라는 구절이..." 간접 사랑의 표현이었다. 나는 '고마워요!' 속으로만 외쳤다. 왜 말로는 못했을까 후회스럽다.

그런데 어느 날은 갑자기 "내가 당신 남편 될 자격은 충분하지? 돈 한 가지 못 버는 것 빼고는..." 한다. 순간 나는 맞받아치며 "돈 버는 것은 한가지지만 다른 것은 수 십 수 백 가지예요" 하니 "그런가?" 하며 고개를 갸우뚱한다. 순간 머쓱해 지는 그의 모습에서 조금은 후회스럽기도 하였다. 봉급쟁이가 매달 월급봉투 잘 갖다 주면 되는 것인데 무얼 더 바라겠는가!

감지덕지 호강에 빠진 자신이 부끄럽기까지 한다. 50대 후반엔 부하직원의 주례부탁 받고 한참을 망설였다고 한다. 본시 주례란 사회적으로 덕망이 있고 출세와 인격이 겸비된 사람들이 서는 것인데 하며 주제 넘는 일이라 생각했단다. 그런데 며칠 동안 생각해 보니 본인이 부하직원의 주례를 못설 이유가 없었다는 것이었단다.

듬직하고 착한 마누라에 자식들도 착하고 공부 잘 하고 사회적으로 출세는 못했어도 사회적 지위는 있고 이것저것을 생각해 보니 돈이 없고 키가 작은 것 외에는 빠진 것이 없더라는 것이었다. 키가 작은 것도 자신이 작은 것이 아니라 남들이 자신 보다 큰 것이 문제였다는 것이며 키가 작다고 지금껏 못 한 것이 하나도 없었다는 것이었다.

그도 그럴 것이 강감찬, 박정희, 중국의 주은래, 프랑스의 나폴레옹 등도 작은 키와 체구에도 한 나라와 세계를 호령하지 않았는가 말이다. 더구나 그이는 명랑한 음성과 해학 넘치는 재치와 각종 지식과 교양을 다 갖춘 분이셔서 충분한 자격을 갖추었다는 생각이 들었다. 그리하여 그이의 주례사를 꼭 들어 보고 싶었으나 여건이 허락되지 않아 결혼식에 참석 하지 못했던 것이 다소 후회스럽기도 하였다.

길거리나 지하철에서 연로하고 초라해 보인 노인들을 볼 적 엔 항상 가슴 아파하던 그였다. 그런 그가 모습을 보이기 싫어 회갑도 되기 전에 하늘나라에 가셨나 생각하니 가슴이 메어 온다. 그이와 30여년의 동거 동락한 세월과 끔찍이도 나를 사랑해 주었던 그 모습! 참으로 행복했었다. 그때는 행복이 무엇인지도 모르고 사람 사는 것이 이런 것이구나 하고 생각하고 다정한 표현 한 번 못해보았고 사랑한다는 말 한마디 못한 것이 후회스럽기도 하다.

요즘의 젊은 세대들처럼 사랑을 입에 달고 사는 것도 중요하겠지만 사랑은 진정 가슴과 가슴 속에서 우러나온 것이 아니겠는가! '사랑' 말만 들어도 짜릿함과 흥분이 가시지 않는 언어, 가슴 뛰는 설래 임의 대명사 아니던가! '사랑' 그는 진정성의 언어요, 진실함만이 존재하는 가슴의 언어가 아닌가! 오랫동안 내 곁을 떠난 그이를 회상하며 새삼 사랑의 의미를 되새겨 본다.

가훈(家訓)

막내아들이 중학교 1학년의 일이었다. 신학기에 접어들자 선생님께서 학생들에게 각자의 집에서 사용하는 가훈을 적어오라는 숙제가 있었다. 아들 녀석은 나에게 우리 집 가훈이 무엇이냐며 묻기에 마침 옆에 있는 아빠에게 여쭤보라고 했다.

아들은 서슴없이 "아빠 우리 집 가훈이 뭐야?" 하고 묻는다.

"우리 집 가훈은 분수껏 살자 라고 써 가지고 가라" 하신다. 그러자 아들은 "그렇게 쉬운 것 말고 근면(勤勉), 우애(友愛) 같이 한자로 된 어려운 말로 해야 해요." 라고 한다. 그러자 그 말을 듣고 있는 아빠는 "가훈이란 쉬운 말로, 외우기 쉽고, 실천할 수 있는 것으로 정해야 하는 거야!" 하며 아빠 말대로 써가지고 가라고 한다.

아들 녀석은 의아한 듯 고개를 갸웃거리며 제 방으로 들어간다.

나는 부자의 주고받는 대화를 듣고 속으로 웃음이 나왔다. 다 맞는 말이었다. 그러나 아들은 제 마음에 안 들어 하면서도 어쩔 수 없이 그렇게 써 가지고 갔다. 며칠 후 학교에서 돌아 온 아들은 얼굴에 희색이 만발하고 있었다. 자기가 써 가지고 간 가훈이 1등을 했다고 한다. 나도 반가웠다.

'담임선생님과 우리 애 아빠의 생각이 딱 일치 했구나! 분수껏 산다는 건 참으로 진리 중의 진리가 아닌가!' 하는 생각이 든다. 요즈음 사람들 중에는 자기 분수를 모를 뿐 더러, 분수대로 살아갈 생각은 하지 않고 과한 욕심으로 자기들의 이익만을 추구하며 사회악을 저질러 신세를 망치는 일들이 허다하다.

그뿐인가, 앞뒤 분별없이 분수를 안 지키고 만행을 저질러서 이 사회를 혼란에 빠뜨리고 있지 않는가!

'분수껏 살자'는 우리 집의 가훈으로 그칠 것이 아니라 우리사회 전체의 슬로건으로 삼아야 할 것 같다. 그래야 우리사회가 정의롭고 안정되고 평화로워 살기 좋은 나라가 되지 않겠나 생각해 본다.

어린 손자의 명언

큰아들의 직장이 청주로 발령이 나서 가족과 함께 그 곳에 살고 있었다. 그러나 아들과 며느리는 두 손자를 데리고 주말이면 가끔씩 우리 집에 올라와 하루 밤을 지내고 내려가곤 한다. 그때마다 좋은 것 먹고 싶은 것을 마음껏 해주고도 헤어질 때면 두 손자에게 만 원 짜리 한 장씩을 주면서 가다가 "아이스크림 사먹어!" 했다.

손자 녀석들은 돈을 받은 즉시 엄마에게 맡긴다고 한다. 청주엔 연로하신 외할머니가 계신다. 그런데 손자 녀석들은 친할머니는 직장에 다니기 때문에 돈이 많고 외할머니는 연세가 많으셔서 돈이 없는 것으로 생각하는 것 같았다.

그런 어느 날 막내 손자가 외할머니께 "500원만 주세요. 저는 돈이 내 사랑 이예요. 그래서 호주머니에 꼭 돈이 있어야 해요" 하더란다. 그 말을 듣던 외할머니는 무심결에 "할머니는 돈이 없단다." 라고 하니 여섯 살짜리 막내가 하는 말이 "돈 없으면 할머니도 하지 마세요!" 라고 하더란다. 여섯 살짜리도 벌써 돈의 중요성을 아는 것 같아, 이 말을 전해 들으면서 웃음 반 걱정 반이었다. 그런데 이번엔 여덟 살짜리 큰 손자가 10,000원 짜리를 들고 엄마 심부름을 가서 1,000원짜리 물건을 사고 거스름 돈 9,000원을 들고 오다 길바닥에 다 날려 보내고 빈손으로 들어왔단다. 엄마는 기가 막혀 마구 야단을 쳤단다. 그랬더니 "우리 보다 가난한 사람이 주어가면 되지 않아요!" 하니, 옆에 있던 동생이 "우리 보다 부자가 주어갈 수도 있지 않아!" 하더란다.

참으로 어린애 같지 않는 재미있고 의미 있는 대화라는 생각이 든다. 돌고 도는 것이 돈이다. 돈이 많아서도, 돈이 없어서도 결코 우리가 살아가는데 좋은 것은 아닌 것 같다.

그저 돈이란 남에게 빚지지 않고 자식들에게 손 벌리지 않을 정도만 있으면 마음 편히 살 수 있을 것 같다. 너무도 소박한 생각일까? 나이 들어 돈은 신분이고 지위며 계급장이라고 한다. 또한 그 반대의 경우는 냉대와 무시를 당하기 십상이며 서글픈 인생인가 보다.

그러나 우리 인생에 돈이 전부가 아니라는 사실이다. 우리의 행복은 돈이 가져다주는 것이 아니며 돈의 노예가 되어서도 안 된다는 것이다.

일기쓰기

중학교 1학년 때의 일이다. 담임선생님은 깡마른 체격에 검은 안경 테를 끼고 총기가 넘치는 모습이셨다. 초등학교 때와는 다르게 우리를 가르치지는 않으셨지만 매일 조회시간과 종례시간에는 들어오셨다. 학생들의 면면을 살피시고 상담도 하시며 자상한 모습으로 학생들을 지도해 주시는 분이셨다. 그는 훈계 과정마다 일기쓰기를 강조하셨다. 그러나 어린 학생들로서는 초등학교 시절 매일 또는 방학 때마다 숙제로 내준 일기쓰기에 지쳐 지겨워한 시기였다. 그런데 중학교에 들어오자마자 담임선생님의 훈계가 일기쓰기였다. 그토록 지겨웠던 일을 또 강요당한다는 것이 아찔하였다. 그런데 선생님은 이미 우리들의 마음을 다 아는 양, 강요 대신 요령과 설득으로 일기를 쓸 수밖에 없도록 유도하고 계셨다.

그 첫째, 이유가 일기를 씀으로서 글쓰기 능력이 형성된다는 것이다. 둘째, 이유는 하루의 일과를 계획하고 정리하고 반성하는 계기가 된다는 것이다. 셋째, 이유는 자기 자신에 대하여 점점 잘 알게 되고, 막연한 자기의 모습이 점점 구체화 된다는 것이었다.

선생님의 말씀을 듣고 보니 지극히 옳은 이치였고 설득력 있는 일이었다. 또 한 가지는 새 일기장을 사서 쓰는 것도 좋으나 초등학교 때 쓰던 일기장의 뒷면에 계속 써도 된다는 것이었다. 내용은 읽지 않고 매일 검사 도장만 찍어 주시겠다기에 나는 순진하게도 그 말만 믿고 초등학교 때에 썼던 일기장 뒷면에 이어 일기를 써 선생님께 제출 하였다.

그런데 이게 웬일인가. 다음 날 선생님께서는 일기장을 나누어 주시면서 나의 일기 내용을 공개하시며 글씨도 잘 쓰고 내용도 참으로 좋다며 칭찬을 하시는 것이었다. 당황하지 않을 수 없었다.

그리고 창피하여 얼굴이 빨갛게 닳아 올라 고개를 들 수가 없었다. 그러나 다른 한 편으로는 뛸 듯이 기뻤고 가슴이 부풀어 올라 흥분을 감출길이 없었다.

'칭찬은 고래도 춤추게 만든다지 않던가!'

이러한 선생님의 칭찬 한 마디가 80평생을 살아오면서 단 하루도 빠짐없이 일기를 써 왔다. 매일처럼 일기를 쓰다 아침에 출근준비가 바쁘다보니 가끔씩 일기장을 책상 위에 두고 나가는 경우가 있었다. 집안에서 내 일기장을 볼 사람은 없었으나 큰아들이 결혼을 해서 함께 살게 되었다. 그러다 보니 혹시라도 며늘아이가 자연스럽게 볼 수 있다 라는 생각에 약간은 조심스럽고 긴장도 되었다. 설령 누가 본들 별 문제될 것은 없으나 그래도 내 삶의 진실이 숨김없이 나열되어 있는 글이기에 다소 부담스럽고 긴장도 되었다.

그리하여 아예 일본어로 일기를 쓰기로 하였다. 그러나 서투른 일본어 실력으로 일기를 쓴다는 것이 여간 어려운 일이 아니었다. 특히 내가 표현하고자 하는 내용들을 단어를 몰라 쓸 수 없어 안타갑기도 하였다. 한일사전을 찾아가며 쓸 수도 있겠으나 게을러 쉽게 되지 않았다. 그러한 습관으로 몇 십 년을 써온 일본어가 늘지를 않아 차라리 안 쓰는 것만 못하다는 결론을 얻게 되었다.

처음부터 조심스러움과 긴장을 감수해 가면서 한글로 썼더라면 문장력도 늘고 새로운 어휘력도 늘었을 터인데 라는 후회스런 생각에 잠기곤 한다. 그래서 인생은 죽을 때 배움의 연속에서 살아간다고 하는 것 같다. 이러한 뒤 늦은 깨달음도 서초노인종합복지관에서 문학 강의를 해주시는 정찬우 교수님의 일기 쓰기 수업을 통하여 알게 되었다.

일기 쓰기란 모든 공부의 기본이며 인성을 기르는 척도임을 뒤늦게라도 느끼고 깨우침을 얻었다는 사실에 새삼 고마움과 감사함을 전하고 싶다.

어머니

어머니는 파평 윤씨의 3남매 중 막내딸로 태어나셨다. 고향은 충남 홍성군의 작은 마을로 시골 살림치고는 제법 넉넉한 집안 이었다. 그러나 당시의 상황이 딸은 공부를 시키면 안 된다는 사회적 통념에 따라 학교엘 보내지 않고 집안에서 살림살이만 배우게 하였다. 밥 짓고 빨래하고 길쌈을 배워 옷을 만드는 법과 부모님과 선영을 모시는 것만 배우는 시대였다. 그럼에도 불구하고 오빠가 글방에서 배워온 한자며 숫자 놀이 등을 어깨 너머로 배우고 춘향전을 익히며 독학으로 글공부를 하였단다.

천성이 착하고 부지런한지라 매사에 열성을 다하였을 뿐더러 몸관리도 잘하셔 고을에서는 최고의 미인이셨다고 한다. 독학으로 인한 학식과 달덩이 같이 희고 뽀얀 피부의 미모로 뭇사람들의 총애를 받으셨다고 이모님은 입버릇처럼 우리 형제들에게 자랑삼아 들려주셨던 말이다. '너희 엄마는 젊었을 때 겁나게 이뻤단다.' 충청도 사투리로 하시던 말씀이 지금도 귓가에 맴돈다. 그뿐인가. 가끔은 우스운 소리도 잘 하시며 '사람은 죽으면 늙어야지'

'말이 빠져서 이가 헛 나왔다', '아버지가 죽으면 자식들은 엄마의 자식이 되지만 엄마가 죽으면 아버지는 남의 아버지가 되고 자식들은 불쌍하게 된다.' 등의 유모와 위트가 넘치셨다. 또 참을 인(忍)자 셋이면 살인(殺人)도 면한다고 노상 말씀하셨다.

소녀시절에 "엄마는 왜 나를 이렇게 밉게 나셨우?" 하니까 어머니 왈 "얘야 사람은 누구나 젊었을 때는 다 예쁘고 늙어지면 다 뵈기 싫어진단다." 하셨단다. 그 말을 듣는 순간 나는 이해가 잘 안되었다. 그런데 이제 내 나이가 칠순이 넘어서야 그 말뜻이 이해가 되어짐을 느낄 때 참으로 어머님의 말씀이 진리임을 깨닫게 되었다.

또 한 가지는 대추에 관한 이야기다. 세 살짜리 어린 아들이 엄마 등에 업혀가며 작고 쪼글거리는 대추를 엄마 입에 넣어주며 하는 말이 '엄마 큰 대추는 외할머니에게 드렸다!' 하더란다. 그리하여 엄마가 아들에게 그 이유를 물으니 '외할머니에게 드린 대추는 똥통에 빠졌던 거야!' 하더란다.

이래서 외손자는 귀여워 할 필요가 없단다. 외손자를 귀여워하려면 방아깨비를 귀여워해야 한단다나? 어머님이 생각날 때 마다 유모와 위트가 넘치는 이모님의 생각이 함께 떠오른 것은 이러한 즐거움을 많은 사람들에게 들려주고 후세들을 아끼고 사랑해 주셨던 기억 탓일 것이다.

어머니는 내가 어렸을 때부터 하시는 말씀이 '나는 사흘만 앓다가 가야지...' 하였던 기억이 새삼스럽게 느껴진다. 평생이 병이 무언지 모르고 건강하게만 사셨던 분의 말씀이라 이해가 안 되었다. 그러다 저녁에 잡수신 것이 급체하셔서 사흘 만에 92세로 갑자기 돌아가시고 말았다.

인명은 재천이라 했던가! 내 나이 팔순이 가까워서야 어머님의 말씀 한 마디 한마디가 새록새록 떠오르며 느끼고 깨닫는 순간 눈시울이 붉어진다. 보고 싶다. 그립고 그리워 내일은 어머님의 산소에는 다녀와야겠다.

내 이름 석字

우리 어머니는 17살에 결혼을 하셔서 위로 딸 넷, 아들 둘을 낳고 일곱째로 나를 낳으시고 아래로 아들 셋을 낳으셨다. 어머니는 '나는 100달을 뱃속에 아이를 넣고 살았어.' 하셨다. 나는 어렸을 때 어찌나 순하고 울지도 않았던지 순덕이라고 부르다가 뒤늦게 출생신고를 할 때 순자라고 올렸단다. 그때는 일제시대라 여성의 이름은 거의가 子字를 썼단다.

내가 초등학교에 입학할 때까지 동네에서는 나의 존재를 모를 정도였다고 했다. 나는 나의 이름이 흔하고 싫어서 말하기가 싫다고 하며 겨우 대답했다. 그랬더니 "순자 씨! 순자 씨가 어떻습니까? 내 이름은 술집에 가서 내 이름을 알아 맞춰보라고 하면 철수, 창수하고 두 번째로 맞춰요. 이름은 남이 부르기 쉽고 기억하기 쉬우면 되는 거예요." 맞는 말이었기에 기분은 나쁘지 않았다. 수년전에 이름에 子字가 들어있는 사람은 개명을 하면 쉽게 호적을 고쳐준다는 공고가 있었지만 그냥 지나쳤다.

1982년도로 기억된다. 그이의 직장에서 과장급 이상의 특별교육이 끝나고 수료식이 있었다. 부부동반으로 수백 명이 넓은 강당을 가득 메웠다. 자기소개를 했는데 두 사람이 서서 남자는 자기소개를 한 후에 옆에 있는 부인을 '우리 집사람'이라고 했다. 그랬더니 본부석에서 '부인은 이름이 없나요? 이름을 대십시오.' 했다. 우리 차례가 와서 둘이 일어섰다. '저는 총무부장으로 있는 金昌洙입니다. 우리 집사람의 이름은 저도 함부로 부를 수 없는 이름입니다.'

강당의 모든 사람들의 시선이 우리에게 쏠리고 장내는 쥐죽은 듯한 침묵이 흘렀다. 그이는 한참을 가만히 서 있다가 큰 소리로 '李順子 입니다!' 하고 소리쳤다. 순간 한꺼번에 폭소가 터져 나왔다.

그때는 전두환 대통령과 영부인의 기세가 하늘을 찌를 듯 했던 때였다. 수료식이 끝난 후 부장실로 몰려온 직원들의 '오늘의 히트는 부장님이 치셨네요?' 하며 또 한바탕 웃었다.

작년에 복지관의 영시반(英詩班)에서 자기소개를 할 때 나는 내 이름을 대기가 싫어서 꾀를 부렸다. "사자성어를 넌센스로 풀이해 보세요. 죽마고우(竹馬故友)가 뭐지요?" 대답이 없다. "죽치고, 마주 앉아, 고스톱 치는, 친구에요." 모두가 웃었다. "남녀평등(男女平等)은 뭐지요? 또 묵묵부답(默默不答), 男子나 女子나 평평한 등짝을 가지고 있다 에요." 또 웃었다. "끝으로 이심전심(以心傳心)이 뭐지요?" 여전히 함구무언(緘口無言)이었다. "이순자가, 심심하면, 전두환도, 심심하다" 또 웃었다.

"옛날에 한물간 그 영부인의 이름과 제 이름이 똑같아서 저는 싫어서 개명을 했어요. 뚱뚱보 뚱字를 써서 李뚱子로요." 나는 모두에게 웃음을 선사했다. 지금은 50이 넘은 큰 아들애가 어렸을 때 '너의 아버지 이름이 뭐지?' 하면 '김땅수!' '엄마 이름은?' '이뚱자!' 하던 일이 생각난다. 그때는 '쟤는 치읓 발음도 시옷 발음도 못해요!' 하고 지나쳤다. 그런데 지금 생각하면 아빠는 키가 작으니까 땅다라당의 땅字를 써서 金땅洙라 했고 엄마는 그때는 날씬했지만 나이 들어 뚱뚱해질 테니 미리 李뚱子라고 했다면 그 아이는 분명히 선견지명이 있는 아이였구나 하는 생각이 든다.

수년전에 컴퓨터를 배울 때 갑자기 별칭을 써내라 해서 그냥 '삼보'라 했다. 먹보, 잠보, 뚱보라고 그랬더니 어떤 친구는 한자로 三寶라고 하래요. 세 가지 보배라나? 어쨌든 별명이 삼보에, 뚱子에 화려하다. 본명이고 별명이고 이제 와서 아무려면 어떤가? 80평생을 살아온 다 산(生) 인생인데…. 앞으로 사는 날까지 건강하게 즐겁게 평안하게 생을 마감하는 것이 소원이다. 지금까지도 큰 사고 없이 무탈하게 살아온 것도 감사하면서….

이재하

낙엽/ 겨울밤/ 계방산의 눈
두 친구/ 봄갈이/ 마라톤 대회
금강 송/ 벚꽃이 질 때/ 선(禪) 바위
터널/ 봉수대/ 불꽃/ 다람쥐의 꿈
잊을 수 없어요/ 능소화

인왕산 치마바위/ 계사년(癸巳年) 첫 날
길상사(吉祥寺) 체험기/ 내가 살아가는 이유

❙ 서울 서대문구 통일로 348 청구Ⓐ 111-102
❙ HP. 010.3752.6140
❙ E-mail. leejaeha180@hanmail.net

낙엽

태초에 맑은 영혼으로 자란 푸르름
실바람 이슬비 맞으며
녹색으로 수놓던 숲의 편린들

공원의 가로등 밝혀
숲의 향내 띄우더니
모진 햇살로 익어간 들길에 서서
못 다한 이야기 남긴 채
형형색색의 옷을 갈아입는다

옷깃을 여민 스산한 바람결에
슬픔을 토해내듯
한잎 두잎 눈물로 내려 앉아
어미의 시린 발등을 덮는다

칼바람타고 내린 육각 설(雪)에
밟히고 채이면서도
떠나지 못한 아쉬움은
이루지 못한 꿈이 있어서 일까

순풍에 돛을 단 긴 긴 밤
또 다른 추억을 향한
연둣빛 꿈을 낚고 있을까

겨울밤

얼마나 많은 기다림 속에
동창은 밝아 오려나

눈썰매에 지친 옥동들의 손엔
탐스럽게 자란 고드름과
눈사람의 소품들이 들려있고
어름판 위에선 두들겨 맞는 팽이들이
슬피 울어대는 소리가 가엾다

얼마나 더 맞아야
소복을 입은 산야가 녹아내릴까

고요의 숲속엔 그림자로 들어선
발자국의 적요가 숨쉬고
앞마당엔 뜀박질의 강아지 모습만
출렁거리는 저녁나절

차고 시린 달빛은 서산마루를 넘어
창문을 두드리고
조잘대는 개울물 소리는
봄의 교향곡을 연주하고 있다

계방산의 눈

물 맑은 동해바다 가을엔
이리떼가 계방산을 뒤엎고
스물 셋의 양떼를 물어갔다

허연 이빨을 드러낸 승냥이 앞에선
아홉 살 승복이는
난 싫어요, 난 싫어요, 외치다
한(恨)을 품고 아침 이슬로 사라졌다

천년 묵은 주목(朱木)의 생가엔
흰나비로 날아든 눈꽃이 덮여
스산함을 드러내고

정적이 깃든 산하엔
비명에 간 혼령들의 신음소리만
눈발을 덮고 있다

두 친구

기쁨도 슬픔도
늘 함께 했던
영원한 두 친구
달변이와 어눌이

세파에 부딪쳐
깎이고 부서지며 쌓아온
반백년 우정의 세월

푸른 잎 붉게 물들어
바람에 날릴 즈음
만나고픈 달변이는
바빠서, 여행 중, 문자만 난무하고

널 위한 기도로 새벽을 맞으며
네 목소리 듣고 싶다던
어눌이의 목맨 우정

친구야
누군가를 위한 너를 닮고 싶은
사랑하는 내 친구야

봄갈이
— 봄의 잔상

긴긴 동한의 잠을 깬 싸늘함이
훈풍을 몰고 달려와
기지개를 켜며
잊었던 친구 찾아 목 놓아 울부짖고

졸졸 흐르는 시냇가엔
때맞춰 나타난
작은 물고기들이
산란의 꿈을 꾸고 있다

친구야,
우리도 곡간에 쌓아 둔
시심(詩心) 한주먹 들고 나와
텃밭에 뿌리며
봄을 맞지 않으렴

마라톤 대회

뜨거운 열기로 출렁이는
광화문 네거리엔
꿈으로 얼룩진
장정들의 열망이 뜨겁다

징소리와 함께
봇물이 터지듯 밀려나간
저 장엄한 기나긴 행렬
온 장안을 흘러 흘러
잠실벌을 수놓겠지

온갖 잡념
비지땀으로 날려 보낸
저 군중의 해탈들

우레와 같은 찬사와 박수를 받으며
결승점을 향한
투지의 검투사처럼
혈류를 쏟아 부은
청춘의 젊음이여

삶의 진수를 맛보기 위한
뜨거운 함성이여

금강 송

정원 한쪽에 들어선 바늘잎 한 그루
사철 푸르름을 시샘한 바람이
낯을 간지리면
달콤한 미소로 화답을 하다
비바람의 광풍엔 본능을 깨워
깊이깊이 파고든 뿌리의 수액들

옆으로 위로 가지에 가지를 잇는
숱한 바늘잎 그늘은
피톤치드의 향을 내뿜고 서서
세월의 공간을 정화 시키고 있다

무심한 삶의 옹이로 찢긴 상처들
차곡차곡 접어두고
씨눈을 싹틔워 우듬지로 태어나
솔(率) 중의 솔(率)
거목의 꿈을 실현하리라

벗꽃이 질 때

화사한 꽃길을 사뿐사뿐 걷노라니
무릉도원인양
꽃 보다 큰 가슴이 활짝 웃네

스치는 바람 따라 꽃잎 날리고
보슬비에 젖은 낙화는
행인의 발길에 밟혀
슬픔에 젖어 눈물짓고 있네

눈꽃이 휘날리는 길엔
삼삼오오 짝을 이룬 군무들
남의 아픔과 슬픔은 아랑곳없이
자욱한 웃음에 취한 야성들

꽃잎 진자리에 푸르름이 엮기고
색동옷 갈아입고 난 후 나목이 될 때면
또 다른 청춘을 노래할 수 있으련만

선(禪) 바위

인왕산에 자리한 선바위
오백년 지켜선
숱한 산란의 꿈을 이고 서 있다

외롭고 지친
병들고 허기진 영혼들의 비지땀
물어물어 합장으로 찾아든다

아픈 상처
막힌 기(氣) 뚫어 달라
실낱같은 소망을 염원하며

사시사철 처절한 몸부림으로
석상을 찾아든
얼룩진 한(恨)의 몸부림들

터널

아득한 빛이
여운을 담고 손짓한다

밤이고 낮이고 새벽도 없이
그저 그렇게 빛줄기만 남기고 홀로 서서
무언의 정을 뿌리고 있다

언젠가 다가설
그리고 지나야 할 곳이건만
초입부터 허우적대며
앙금을 낳고 있다

가도 가도 끝이 없는
닿을 듯 닿을 듯
잡히지 않는 빛줄기를 잡으러
숨어든 탄식의 목소리

장엄한 빛의 힘으로
동녘을 밝힐 때 까지
뚫고 가야 한다

그 길에 영광이 있으니까

봉수대

의연함과 충직함을 드러낸
북방의 문지기
천기의 변화에도 아랑곳하지 않는
저 하늘밑 석상의 자태
횃불로 피어난
우국충절의 기상이여

북방의 적
폭우와 눈보라로 쏟아져도
조국과 민족 지키려는 봉우리엔
붉게 타오른 횃불의 봉화대가
석상 되어 서 있네

면면 지난날의 역사 돌이키며
묵묵히 미소 짓는
저 사내의 얼굴엔
화사한 봄꽃이 피어나
사랑 노래 부르고 있다

불꽃

가냘픈 몸짓으로 춤을 추던
화냥녀의 율동이
꺼질 듯 꺼질 듯
바람의 노를 타고 항해를 한다

수 십 년의 세월을
순식간에 삼키며
너울너울 하늘을 향한
저 검은 망토의 화신(火燼)

앙상한 나목의 발등을 휘접고 들어선
저 화마(火魔)의 얼굴엔
핏빛으로 타들어간
영혼의 한이 서려 있다

이젠
꿈도 추억도
낭만도 슬픔도
모두모두 갇힌 채
또 다른 삶을 향한
축제의 불꽃을 밝혀야 한다
불(火)로 잃은 불(火)의 한(恨)을
불(火)로 승화시켜야 한다

다람쥐의 꿈

비지땀을 흘리며
오르내린 가지마다
동면의 꿈이 열려있고
낙화된 먹이의 사슬이
또 다른 생을 즐기는 오후

덩치 큰 청솔모와
산토끼의 장난에 녹아내린
꿈의 절벽 앞에
알토랑 살토랑 꽃피워 나르던
토굴은 만찬의 축제를 두드리던 곳

해와 달로 변해간
계절의 숲속에
너 있고 그대 있음이 자연의 섭리이듯
높고 낮은 가지마다 오르내리며
철없이 뛰어노는 추억을 만들어
숲속의 요정으로 꿈을 펼쳐라

잊을 수 없어요

천혜의 절경 마태호른
세기의 미인도 많지만
그대와 견줄 자 어디 있으랴

얼마나 고귀한 존재이기에
구중궁궐 첩첩이 들어앉아
신비의 베일로 애태우느냐

고고하고 도도한 너
자비의 손 한 번이
그리도 아깝더냐

뼈를 깎고 피를 녹인
불굴의 투지로 오른 정상

황금마리아상과 마주한 순간
떨리는 황홀함에
석상이 되었다네

능소화

행여나 꿈에라도 오실까
넝쿨타고 오실까
기다려지는 마음

촛농이 검게 타
발등을 적시도록
그렇게 아득한 추억의 꽃을
피워 봅니다

초롱불 밝혀든 처마 끝에
살며시 다가선 당신 그림자
마주하고파
이 밤도 하염없는 기다림해요

담장이 높아서도
길이 멀어서가 아닌
마음이 멀어서 인가요

이제야 알아차린
기다림이 사랑인 것을

인왕산 치마바위

인왕산엔 이름난 바위가 많다. 선바위, 모자바위, 범바위, 치마바위, 매바위, 기차바위 등. 이 바위들에는 저마다의 전설이 서려있다. 조선시대 한성(지금의 서울)을 수도로 정할 때 경복궁을 중심으로 뒤에는 북악산, 좌우로는 낙산과 인왕산을 중심으로 도읍지를 정했다. 서울의 중심에 위치한 이 산들은 그리 높지 않을뿐더러 숲과 바위가 잘 조화를 이루고 있어 많은 사람들의 산책코스로 각광을 받고 있는 곳이기도 한다.

인왕산 정상에서 남쪽으로 조금 내려가면 병풍처럼 널따랗게 펼쳐진 바위가 곧 치마바위이다. 이 바위엔 슬픔과 함께 잊을 수 없는 아름다운 전설이 서려 있기도 하다. 연산군의 폭정이 심해지자 성희언과 박원종 등의 중신들이 연산군을 몰아내고 진성대군인 중종을 왕위에 앉혔다. 중종은 당신의 충신인 신수근의 딸을 부인으로 삼았는데 그 이가 바로 단경왕후 신 씨이다. 성희언과 박원종은 연산군을 몰아내면서 신수근 등 많은 충신들을 죄인으로 몰아 죽였다. 그 후 후환이 두려운 그들은 죄인의 딸은 왕비가 될 수 없다면 단경왕후 신 씨의 폐위를 주장하였다. 그러나 힘이 약한 중종은 중신들에 의해 그토록 금실 좋은 단경왕후 신 씨를 폐위시켜 인왕산 기슭 본가로 돌려보냈다. 중종과 유난히 금실 좋은 신 씨는 왕비가 된지 7일 만에 생이별을 당한 불운의 여인이 되고 말았다.

중종은 끔찍이 사랑하던 부인을 잊지 못해 수시로 경희루에 올라 신 씨가 살고 있는 인왕산 기슭을 바라보곤 했다고 한다. 이 소식을 전해들은 신 씨는 함께 살 때 자주 입던 붉은 치마를 매일 아침마다 경희루가 잘 보이는 바위에 널어놓고 궁궐을 바라보았고, 중종은 인왕산을 바라보며 서로의 그리움을 달랬다고 한다. 그 후 사람들은 이 바위를 치마바위라고 부르기 시작했다고 전해지고 있다.

그런가하면 이 바위에는 또 다른 아픈 사연이 있다고 한다. 1939년 조선총독부에서 내선일체와 황국신민화운동을 강요하기 위하여 이 바위에 맹세문(높이 39m 너비 40m)을 새겨놓았다. 이것은 중일전쟁 이후 전시동원체제가 한창이던 1939년 9월 16~17일에 서울에서는 대일본 청년단 대회가 있었는데 이때 이 구호를 새겼다고 한다. 서울 시내가 빤히 들여다보인 인왕산의 얼굴에 대형 각자로 새겨놓은 치욕의 낙서를 광복 이후 시민단체들이 일재의 잔재를 없애기 위하여 이 낙인을 쇠망치로 쪼아 글씨를 알아볼 수 없게 하였다고는 하나 그래도 지운 흔적이 상처로 남아있다.

짧은 시간을 왕후로 지내온 신 씨의 죄 없는 설움과 나라 잃고 설움에 복받쳐 살았던 민족의 자존에 흉터를 남긴 치마바위를 보고 있자니 가슴이 무너져 내린다. 민족의 자존과 정의와 진리를 지키기 위한 우리의 노력은 과연 얼마만큼 진행되고 추진되어지고 있는지 깨달아야할 것이다.

바위틈에 흐르는 물 한 모금으로 입을 적시고 돌아서는 순간 참나리 꽃 한 송이가 살며시 미소를 지으며 나를 빤히 쳐다보고 있다. 바위틈에 뿌리를 감추고 자란 탓인지 영양부족으로 피어난 파리한 꽃잎이 참으로 청초해 보인다. 주황색 꽃잎에 찍힌 검은색 점박이가 마치 신 씨의 눈물자국인양 아련해 보인다. 바람타고 날아온 솔향기와 참나리 꽃의 여운이 잘 어울린 아침나절의 산책길이다.

계사년(癸巳年) 첫 날

매년 새해 첫날에는 많은 사람들이 해돋이를 보며 소망을 기원한다. 근래에는 해돋이를 좀 더 빨리 보기위해 동해안의 산과 바닷가를 찾는 것이 유행처럼 되었다. 우리나라에서 해가 가장먼저 뜨는 독도(07시 26분 27초), 간절곶, 태종대, 수중통, 호미곶이, 정동진 등 이름난 곳은 섣달 그믐날이면 방을 구하지 못한다고 한다, 이런 사람들의 욕구충족을 위해 전국 각지에서 해돋이 축제가 열린다. 서울에서만도 18곳에서 행사를 한다고 한다. 내용도 가지가지. 연등달기, 징치기, 노래와 춤, 시 낭송, 편지쓰기, 띠배 띄우기, 먹 거리나누기 등 지역마다 특색 있는 행사가 진행된다. 서울에서 해를 가장먼저 볼 수 있는 '아차산'에는 대로에서부터 행사장까지 길 양편으로 청사초롱을 밝히고 노래와 춤을 추며 해맞이 축제를 벌이는데 해마다 4만여 명씩 인파가 몰린다고 한다.

2013년 1월 1일 06시 30분 안산 봉수대를 향해 집을 나섰다. 영하 14~5도를 오르내리던 강추위가 오늘은 영하 10도 이하로 많이 누그러졌다. 새해 해맞이를 잘하라고 하늘이 선심을 썼나보다. 어제 밤부터 눈발이 날리더니 지금은 제법 함박눈이다. 길이 미끄러울 것 같아 아이젠을 신고, 스틱도 들고 우산도 챙겼다. 나는 홍제동으로 이사 온 후 3년째 안산 봉수대에서 새해 첫날 해맞이를 한다. 내가 봉수대에 도착했을 때는 행사가 막 시작되어 마이크를 통해 서대문의 발전과 구민의 안녕과 화합을 도모하는 행사라는 사회자의 말이 끝나고 "희망찬 새해아침 새해의 힘찬 기운을 받아 소원성취 하시고 모두가 건강과 행복이 충만한 한해가 됐으면 한다"는 구청장이 인사말을 하는 중이다.

봉수대 아래 헬기장에는 서대문구문화원에서 나온 봉사대원들이 차(대추·생강차와 커피)를 준비해놓고 올라오는 사람마다 차를 따라주고 있다. 그분들이 건네주는 차를 받아 손에 드니 따뜻한 온기가 팔을 타고 가슴으로 올라온다. 남들이 즐길 때 헌신적으로 봉사하는 이런 사람들이 있기에 우리주변이 훈훈하지 않은가? 구민의 한 사람으로 소속감과 따뜻한 정을 느낀다.

지난해 이때 이곳은 발 디딜 틈 없이 사람들이 많았었는데 오늘은 빈 공간이 많다. 일기예보에 눈이 온다고 했고, 또 어제 밤부터 눈이 오고 있으니 일출광경만을 생각했던 사람들은 아예 집을 나서지 않았을 것이다. 안산의 일출시간이 7시47분이라는데 아직은 좀 더 있어야 하지만 눈이 펑펑 쏟아지니, 주최 측에서 행사 마무리를 서두르는 것 같다. 주관하는 측에서도 얼른 끝내고 돌아가고 싶을 것이다.

해는 날마다 뜬다. 굳이 새해 첫 날이라고 해서 이렇게 떠들썩한 이유가 무엇일까? 첫날이라는 것도 생각하기에 따라 그냥 하나의 마디일 뿐인데. 하루의 마디가 자정이듯이, 한주의 마디, 한 달의 마디, 일 년의 마디, 많은 사람들은 마디를 정해놓고 계획과 반성을 거듭한다. 해돋이를 보기위해 밤잠을 설치고 올라온 저 많은 사람들! 사진 찍기에 몰두하는 사람, 합장을 하고 무언가 열심히 기원하는 사람. 뚜렷한 목표도 없이 군중심리에 휩쓸려 올라왔다가 해 뜨는 광경도 못 보고 아쉬움을 남기고 돌아서는 이들도 있을 것이다.

나는 20여 년 전부터 습관처럼 새해첫날이면 일출을 보러 산을 찾았다. 새해 첫날의 돋는 해를 보면서 한해의 계획을 실현하겠다는 다짐의 날로 정하고 있다. 그믐날 밤에는 첫날의 약속을 얼마나 지켰나를 되돌아보며 반성하고 후회하면서 새해 계획을 세운다. 후회하지 않기 위해, 목표를 적게, 낮게 세워 꼭 실천하겠다고 다짐을 하곤 한다. 오늘도 눈 속에 가려진 저 해를 심안(心眼)으로 보면서 어젯밤에 골똘히 생각했던 올해의 계획과 목표를 향해 열심히 노력하겠다고 다짐을 했다.

길상사(吉祥寺) 체험기

새로운 체험을 해보고 싶어 인터넷을 뒤지다가 길상사에서 템플스테이를 한다고 하여 산을 좋아하는 나로서는 산사 체험이 해보고 싶어 길상사를 찾았다.

"三角山 吉祥寺" 라는 현판이 걸린 일주문을 지나 30여 미터 올라가니 관음보살상인지 성모마리아상인지 구분이 안 되는 조각상이 서 있다. 고개를 갸웃하며 위를 쳐다보니 설법전이란 새로 지은 건물에 "여름수련회장"이란 현수막이 걸려있다. 오후 2시 입재식후 교무스님의 수련기간에 지켜야 할 생활습의 설명에 이어 발우습의를 익힌 후 저녁 발우공양을 했다. 잠시 휴식 후 저녁예불을 마치고 주지스님의 좌선강의 및 참선에 대한 강의가 있었다. 9시 30분 취침.

04시 아침예불, 오후 7시 저녁예불, 아침저녁 108拜, 선어록강의, 사경(寫經), 참선, 명상, 운력, 차와 선(茶禪一如), 촛불명상, 등 여백 없는 일정표 가운데 "명상음악회"시간이 있어 인상적이었다. 1시간 30분 동안 음악연주를 듣고 잠시 쉬었다가 밤 10시부터 3시간의 참선에 이어 1080拜 절을 하고 나니 새벽 4시 아침예불시간이다. 힘들다는 생각보다 참고 해냈다는 생각에 가슴 뿌듯하다. 아침공양 후 차를 마시며 대화시간이 있었고 수계식과 회향식으로 3박 4일의 수련회를 마쳤다.

52명의 수련생가운데 절반은 불교 신도이고, 천주교신자 6명, 기독교신자 1명. 그 외는 특정종교가 없는 사람들이다. 남녀의 수가 반반정도이고, 연령은 40~50대가 대부분이며 최연소자는 19세의 미국유학생이고, 고령자는 70대인 나와 64세 한분이 있었다. "여름

후가" 편하고 즐겁게 보낼 곳 다 놔두고 규칙에 얽매이는 이런 고행의 길을 찾은 이들은 무엇을 얻으러 왔을까? ……

길상사가 생긴 유래는 김영한 님이 법정스님에게 재산을 기증함으로라고 한다. 기예(技藝)에 뛰어난 기생으로, 백석시인의 애인으로, 최고급요정 대원각주인으로, 일본유학도 했고, 대학에서는 영문학을 전공한 여인, 문학을 좋아해 다시태어나면 시인이 되겠다는 김영한 님이 법정스님의 글을 읽고 이런 분이라면 내 재산을 드려도 좋겠다는 생각에 천억 대의 재산을 "조건 없이 드리니 마음대로 하세요."라며 내놓았단다. 5년 동안 "받아주시오." "안 받겠소." 줄다리기를……. 사양하는 스님에게 "욕심 버리고 위안구하는 중생을 제발 도와달라며" 받아달라고 해서 길상사가 태어났다고 한다.

1997년 12월 14일 요정이었던 대원각을 개보수하여 "길상사"로 문을 열던 날의 일화다 개원식장에는 3천여 명의 불교신도들과 조계종 총무원장 송월주 스님 등 불교계 주요 인사들이 참여했는데 '김수환 추기경'이 경내로 들어서며 송월주, 법정, 두 스님을 향해 "축하드립니다."라며 손을 잡았고, 법정스님은 "먼 길 오시느라 고생하셨습니다." 우레와 같은 박수 속에 김 추기경은 "새들이 노래하고 물소리가 흐르는 곳에 길상사가 위치해 기쁩니다. 세속에 지친 우리마음을 안정시키고 명상에 잠길 수 있는 쉼터가 절실합니다. 길상사가 정신의 안정을 주는 우리마음의 지표가 되기를 바랍니다." 라는 축하의 말에 법정스님은 "자신의 소유물을 조건 없이 기꺼이 내놓은 시주의 마음이나, 무심히 받아들인 마음이나, 묵묵히 따라준 터와 집들이 함께 그 어디에도 집착하거나 매인데 없습니다."라는 말로 김영한 님의 무소유의 마음을 칭송했다고 한다. 한 말씀 해달라는 사회자의 말에 김영한 님은 "저는 배운 것이 많지 않고 죄가 많아 아무 드릴 말씀이 없습니다. 불교에 대해서는 더구나 모릅니다. 하지만 말년에 귀한 인연으로 제가 일군 이 터에 절이 들어서고 마음속에 부처를 모시게 돼서 한없이 기쁩니다. 저의 남은 한으로 이 절의 종을 힘껏 치고 싶을 뿐입니다."라는 말로 화답했다고 한다.

김 추기경이 법당 예불에 참여했다는데 나는 깊은 감명을 받았다. 종교의 벽을 넘어 서로가 인정해주는 종교지도자들을 더욱 존경하게 됐다. 네팔여행에서 힌두교사원 안에 불교건물이 있고, 불교경내에 힌두교 건물이 있는 것을 보았다. 서로 다른 종교가 갈등 없이 공존하는 모습에서 평화는 서로가 상대를 인정하고 이해주는 것이구나! 생각했다.

설법전 아래 세워진 관음석상을 조각한 분은 독실한 천주교 신자인 최종태 조각가인데 그는 가장 한국적인 불상을 만들어보고 싶었단다. 봉안식이 있던 날 최 교수는 이 관음보살상에 나의 모든 생각과 바람을 담았다. 이를 계기로 종교 간의 화합과 선조들의 예술혼이 되살아나길 바란다고 했고, 법정스님은 "관세음보살과 성모마리아"는 문화적 표현의 차이만 있을 뿐 온 세상의 재난과 고통을 구제하고 감싸는 대지의 여신이며, 이름은 관세음보살석상이지만 보는 이에 따라 성모마리아가 될 수 있고, 자애로운 어머니가 될 수 있습니다.

경내의 건물들은 원형을 보존하는데 힘쓴 흔적이 역력하다. 자연을 그대로 살리기 위해 야생화를 많이 심었단다. 화려한 수입 꽃들도 좋지만 우리의 토종 야생화, 작고 앙증맞은 꽃 향이 내 가슴에 더 진하게 파고든다. 오늘도 아침부터 많은 사람들이 경내에 들어와 공원인양 거닐기도 하고 삼삼오오 모여앉아 담소하는 모습이 마냥 평화롭게 보인다.

2009년 8월

내가 살아가는 이유

삶이란 태어나서 살고 죽는 일이다. 태어나고 죽는 것은 내 의사와는 전혀 관계가 없는 일이나 살아가는 것은 내 의지와 목표와 투지의 결과물이이다. 즉 잘 살고 못 삶은 태어나면서 부터 운명적인 것이 아니라 자기의 능력과 소산이라는 것이다. 인간은 누구나 공수래공수거(空手來空手去)라고 한다. 빈손으로 왔다 빈손으로 가는 것, 그것이 곧 인간이다. 그러나 혹자는 그와는 반대의 의견을 개진하는 사람도 있다. 나 역시 한때는 그것을 믿었다. 부유한 집에 태어난 사람은 부유한 환경에서 자라고, 간난하고 열악한 환경에서 태어난 사람은 열악한 환경에서 자랄 수밖에 없기 때문이라고 믿었다. 그러기에 인간은 평등한 것이 아니라 불평등한 것이며 환경에 따라 운명 역시 달라진다고 믿었다.

물론 자신의 노력과 능력에 따라 그 운명이 달라 질 수 있겠으나 그러기까지의 감내해야할 고통과 진통은 무한한 것이었을 것이다.

그러나 태어나고 죽는 것은 지극히 운명적인 것이 아닌가싶다. 내 의지와 뜻에 따라 태어나고 죽을 수 없기 때문이다. 그것이 곧 운명이 아닌가 한다. 한때는 나 역시 권력과 명예와 욕망에 사로잡혀 눈코 뜰 새 없이 바쁜 인생을 살았다. 그러나 번번이 내 의지대로 되는 것이 없었다. 그 후 나는 본의 아니게 운명론자가 되어 버렸다. 모든 것을 내 머리와 가슴 속으로부터 내려놓고 나니 공수래공수거라는 말이 가슴에 와 닿는다.

그 때부터 나의 삶의 질이 바뀌고 말았다. 욕망과 욕구를 위한 투쟁의 삶이 아니라 취미와 즐거움을 찾아 헤매는 삶이되고 부터는 항상 여유와 미소가 넘실대는 삶이 되어 있었다. 그러기에 삶과 죽음에 대한 두려움도 없으며, 오직 오늘의 행복을 위하여 무엇을 어떻게 할까만 생각하는 단순 세포의 말미잘 같은 인간이 되고 말았다. 그럼에도 불구하고 오늘의 행복과 보람을 추구하는 목표와 희망은 어느 누구보다도 강한 소신을 가지고 있다.

그것이 곧 '일만운동'이다. 첫째는 하루에 한 가지의 착한 일을 하자, 둘째는 하루에 열 사람을 만나 대화하자. 셋째는 하루에 일백 자의 글을 쓰자. 넷째는 하루에 일 천 자의 글을 읽자. 다섯째는 하루에 일 만 보를 걷자. 이다

한때는 하루도 거르지 않고 잘 지키다가 어느 때 부터인가 그 실천의 빈도가 낮아져 요즈음엔 삶의 의지와 목표가 달라져가고 있음을 실감할 때 참으로 한심하다는 생각에 사로 잡혀있다. 그럴 때마다 내 삶의 활력소가 되어 왔던 혜근스님(나옹선사)의 싯귀가 떠오른다.

청산은 나를 보고 말없이 살라하고
창공은 나를 보고 티 없이 살라하네
탐욕도 벗어 놓고 성냄도 벗어놓고
물같이 바람같이 살다 가시라네.

세월은 나를 보고 덧없다 하지 않고
우주는 나를 보고 곳 없다 하지 않네
번뇌도 벗어놓고 욕심도 벗어놓고
강 같이 구름 같이 말없이 가라하네.

장영배

고향은 그대로였다/ 마상 공연
지하철 엘리베이터/ 어느 날의 단상(斷想)
癸巳年의 단풍/ 감나무 까치밥
국화도 가는 길/ 허무/ 꽃샘추위
태극기/ 피겨 여왕/ 봄은 슬프다
군자란/ 고택(古宅)/ 여름방학/ 할머니

단풍에 쌓인 산골의 아침
우이령 숲길/ 남산 기행
역사의 단상

▌서울 강남구 논현로 205, 4동 805호(도곡동, 도곡한신Ⓐ)
▌HP. 010.3652.3905

고향은 그대로였다

깎아 머리 친구들과
고향 산천의 여행을 떠났다

서울 친구, 고향 친구가
어울린지도 어느새 반백년의 세월
해후의 감격에 젖은 노신사들은
마냥 어린애 같은 탄성뿐이다

충혼탑과 가람선생의 시비가 있는 공원과
숲속을 지나 계곡을 지나
용머리고갤 넘어 완산칠봉에 오르니
용두봉, 백운봉, 장군봉들이
조각처럼 장엄함과 아름다움을 겸하여 서 있고

그 속엔
바람과 구름과
바위와 철쭉꽃들이
천혜의 자연으로 어울려
고향의 맛을 더해 주고 있다

전주천 남천교를 지나
한옥마을에 이르니
조선 왕조 500년의 뿌리를 음미하며
고향을 보았다

내, 사랑하는 고향과 친구는
옛 모습 그대로 인데
난 속세의 때를 벗지 못하고
그대로 인 것 같다

마상 공연

푸른 초원을 향한 자유의 몸들
달리고 뛰고 날며 춤으로 승화된
경쾌한 리듬이다

주자와 하나 되는
저, 황야의 날쌘 몸매

바람을 가르고 하늘을 넘어
세계를 먹어 삼킨
칭기즈칸의 후예들

마상의 묘기는
신이 내려준 특이의 기교이며
사람과 말이
오직 한 몸임을 자랑한다

지하철 엘리베이터

일정한 공간과 장소에서
정해진 길을 따라
먹음만큼 토해내는
저 멋있는 신사

비가 오나 눈이오나
사철 푸르디푸른 옷을 입고
남녀노소 가리지 않는
저 황홀한 멋의 신사

정직과 겸손과 평등을 좌우명 삼아
새벽에서 자정까지
힘들어하지 않는
저 침묵의 사나이

세상의 진리가
인간의 삶이
명예도 욕심도 없는
저 묵음과 득도의 사나이였으면

어느 날의 단상(斷想)

건널목 신호등이
춤 출 때면
사람도 차량도
덩달아 춤을 춘다

출렁이며 행렬에 끼인
내 모습도
언젠가는
육신도 영혼도
흔적 없이 사라져
허공을 맴돌겠지

세상을 호흡하며
무심한 바람결 따라
산다는 것

의미와 의미의 장난인가

癸巳年의 단풍

나무 가지엔 꽃등을 밝힌 듯
화려한 색상이 난무하고
금방이라도 터질 듯한
꽃뱀의 허리가
너울너울 춤을 추고 있다

찬바람의 기운이 스치고 지나가면
씻은 듯 야위어져 가는 낙엽들
한잎 두잎 세상을 향해
발길을 재촉하고 있다

어느새 올려다 본 눈길은
내려 보이고
하늘엔 앙상한 실가지만 남아
음산한 저녁을 반추하며

나무와 인생의 길 또한
생성과 소멸과 순환의 질서를 따라
환생하는 길이다

감나무 까치밥

발이 시려 웅크리고 서있는
감나무엔
일곱 개의 사랑을 매 달고
파란 하늘을 받쳐 들고 있다

행여나 찾아올까
님을 기다리는 마음
다홍치마 저고리로 단장한
저 고운 새색시의 밝은 미소

바람으로 구름으로
구애의 손짓 보내어도
오늘도 무심한 그이는 소식이 없다

언젠가 오고야말 님이기에
그 빛 그대로
하늘을 이고 서있어 주지 않으렴

국화도 가는 길

끼륵 끼륵 갈매기 소리마저 한가로운 궁포항
손바닥만 한 여객선엔
네 명의 일행과 다른 두 사람이 고작이다

뭍에서 국화도는 20분
입하도는 다시 20분이란다
우이파*가 휩쓸고 간 서해바다
태풍의 휘몰이레 파도는 간데없고
잔잔한 물결만이 햇볕아래 질푸르다

해풍에 젖은 국화도
옹기종기 모인 정겨운 비탈진 마을과
한가로운 백사장은
어머님의 품속이다

사는 게 고행이고
사는 게 보람이라면
훠이훠이 하늘하늘
이곳으로 오라

*우이파 : 2010년 서해를 휩쓸고 간 태풍

허무

세상의 진리가
만나면 헤어지고
헤어지면 만남을 예언한다 했던가

정으로 맺은 인연
세월이 깊어져 떠나고 나니
보고프고 그리운 마음
하늘에 와 닿는다

모임에서 보자던 그 목소리
정녕 그대는 오지 않고
하늘의 여운만
내 가슴 뭉게구름으로 피어오른다

팔 척 키에 유모와 해학이 넘친 그대
수줍고 당당하던
필력의 괴력자
이승과 저승을 넘나든 마법의 사나이
오늘따라 당신이 그리운 건
삶의 허무가 이것이 아니던가

*2010년 졸지에 세상을 뜬 경향신문 이광훈 고문 추도사

꽃샘추위

꽃샘은 봄을 시샘함이고
추위는 찬바람(風)이 일어
달려오는 계절이다

봄 색시 흰 속곳에 파고드는 바람
수줍은 듯
볼이 붉어오고

마실 나간 아낙네의 치마폭엔
상큼한 봄내음이 코끝을 스치고

햇살 먹음은 양지 녘엔
따스함이 오롯이 피워 올라
재잘대는 악동들의 봄이
너울너울 춤을 추며 달려온다

태극기

건곤감리(乾坤坎離) 역사이룬
민족의 깃발이여

집집마다 거리마다
쌍쌍이 펄럭이는
대한의 자존심
밤낮으로 웅비하여
기상을 펼쳐라

네가 나이고
내가 너인
오직 하나만이 존재한
조국의 깃발이여

너 앞에 뭉친
민족의 자긍심
역동하는 세기로 울려 퍼져라
시샘의 무리들 개의치 말고
힘으로 영광으로
마음껏 펄럭여라

피겨 여왕

냉한의 빙판 위에
너울너울 날개 짓 춤을 추며
나비가 날고 있다

음률로 쏟아지는 리듬을 타고
미끄러지듯 하늘을 나는
앳된 여인의 몸짓

숨죽이는 팬들의 열정이
폭포수로 날아들고
세기의 눈들은
요염한 코리아의 딸 앞에
환호의 함성을 날리고 있다

봄은 슬프다

햇볕 따스한 양지에
흔들리는 풀잎을 보면
나는 슬프다

꽃샘추위 속
어슴푸레한 달빛
안개 자욱한 뚝방 길 위에선
가시네들의 아련한 운율이 흘러도
내 마음은 슬프다

삼십여 년 전
산 속에 아버님을 모시고 돌아오던 날
흐드러진 목련꽃은
속절없이 떨어져 아버님을 배웅하고
나는 그 위에 슬픔을 쏟아 붓고 있었다

그런 4월 봄날에
꽃봉오리 채 피워보지 못한 서러움
세월호와 함께 침잠되어
깜깜한 바다 속에 매몰되었으니
이 마음 어찌 슬프지 아니하겠는가

군자란

꽃샘추위 가슴을 아리더니
5년 세월 숙취에서 깨어난
군자란 한 포기
화사한 치마저고리 입고
다소곳한 눈짓으로 미소 짓고 있네

가름아 길 쪽머리 비녀도
애교 넘친 귀밑머리 머리칼도
살랑이는 봄바람에
춤을 추고 서있네

매봉산 정기 받아
마당 옆 텃밭에 핀
황홀한 님이시여

고택(古宅)

세월의 밑자락에 검게 그을린
사각(四角)의 목조(木造)

앞엔 사랑채
뒤엔 안채
99칸은 아니나
올망조망 너부러진 공간들

뜰 앞의 연못엔
옛정이 넘치듯 연꽃이 피어있고
패랭이꽃, 채송화, 유자와 감나무
사철이 푸르른 향나무며 소나무

기둥마다 주옥같은 시향(詩香)이 넘치며
현판에 새겨진 위선취락(爲善取樂)*이
가슴에 물결치니
천년의 돌담집 쓸쓸함이 넘친다

*위선취락 : 착한 일로 즐거움을 삼으라
충북 보은군 장안면 개안리 선병국(宣炳國) 고택

여름방학

만경강 돌아누운 강변엔
정겨운 원두막이 서있고
참외며 수박이며
서리치는 아이들의 천국

그곳엔 언제나
할아버지 추억이 새록새록 피어나
농익은 여름밤의 향이
넘치는 곳이다

들판을 휘젓고 고추잠자리를 쫒던 시절
개울가 피라미의 유영이
화판에 담겨 춤추는 모습과
숙제하다 낮잠에 취한
그 어린 시절의 추억들

이제 다가설 수 없는
멀고도 먼
그 옛날의 상념

할머니

팔색조의 화려함 보다
흰머리, 흰 치마저고리에
목숨 걸 듯 즐겨 찾던 새하얀 웃음

슬기와 인자함으로 반겨 맞던
허기진 대문 밖 손님들
가족인지 이웃인지 벽을 허문
그 모습

어느 날
저 언덕 넘어 산길을 타고
훨훨 날아가시던 그 길 따라
흰 구름이 두둥실 떠 있더니

한 생애를 살고 난 이제야
철들어 알 것 같다

단풍에 쌓인 산골의 아침

신이 내려준 자연의 위대함이다. 세상은 온통 붉고 노랗고 찬란한 금빛환호성이다. 한반도의 중심인 덕유산 자락에 선 무주의 적성산이다. 산골짜기 굽이굽이 마다 원색의 옷을 갈아입고 미친 듯 바람의 춤으로 탄성을 자아내는 저 화려한 소음들, 향적봉 아래 자리한 적성호의 짙푸른 잔잔한 물결은 도무지 지상의 낙원이라 믿어지지 않는 저 환호의 탄성이다.

분명 하늘이 내려준 아니 신이 베풀어준 우리의 보고임이 분명하다. 이 아름다운 자연의 경관 속에 삶으로 존재한 또 하나의 선물을 우리는 받았다. 다름 아닌 잊고 살았던 친구의 집이 이곳 이었다. 향적봉 가는 길의 널따란 산자락에 황금빛 은행나무와 불타듯 무르익은 단풍의 숲속에 자리한 조그마한 오막살이 집 한 채. 하늘색 슬레트 지붕엔 검버섯이 덕지덕지 피어 마냥 입체파의 형상을 이루고 있는 삼 칸집이다. 마당 한켠엔 대추며, 사과며, 감나무가 어깨동무로 스크렘을 짜고 나란히 서서 그늘을 이루고 뒤뜰엔 고추며 배추며 호박넝쿨이 아주까리로 널려있다.

참으로 볼품없는 집 같이만 세상엔 이런 아름답고 은은한 자연의 축복 속에서 삶을 열어간다는 것이 얼마나 행복한 삶인가 하는 생각에 우리 모든 일행은 한결 같은 탄성을 자아내고 있다. 검게 그을린 친구와 그의 아내는 우리 일행을 맞으며 누추해 어떻게 하야며 몸 둘 바를 모르고 있으나 오히려 우리의 시각은 자연이 행복이고 행복이 곧 자연임을 실감케 하는 순간이었다.

산 속이라 도시보다 먼저 피어나는 어둠의 장막이 깔리고 밤새껏 마셔대는 알콜의 취기가 횡설수설로 이어질 즈음 어느 샌가 목청껏 울어대는 새벽 닭 우는 소리에 등짐을 지고 일어선 황토방의 따끈한 기운이 고향의 아침을 설레게 하고 있다. 산책으로 시작된 산속의 아침, 이윽고 친구의 아내는 불편하지 않았냐며 수줍은 얼굴로 인사를 건네더니 곧바로 부엌으로 들어가 아침을 준비한 모양이다.

시골의 일상이 그렇듯 산골의 일상 또한 다를 바 없으나 오늘 아침의 일상은 사뭇 부풀어 오른 희망의 아침임이 분명해 보인다. 친구의 아내는 따끈한 콩나물북어 국을 끓여 어제 밤의 숙취를 녹여주고 있는 모습에서 진정 어머니와 아내의 사랑을 소록소록 피워 오르게 하는 산골의 아침이다.

우이령 숲길

봄기운이 완연한 4월의 어느 날, 구파발역 1번 출구에 삼삼오오 짝을 이룬 일행들이 모여든다. 인사를 나눌 짬도 없이 등록을 마치자 송추행 버스에 몸을 싣고 있었다. 이날의 코스는 파주군 교현리 우이령길 입구에서 쇠귀고개(우이령)을 넘어 우이동에 이르는 북한산 둘레길이다.

세월호로 참사로 온 나라가 슬픔에 잠겨 무거웠지만 잠시나마 답답한 마음을 떨치고 조용한 산행을 시작하였다. 엊그제 내린 봄비에 태양은 섬광처럼 빛나고 솜털구름은 하늘을 가득 메워 봄바람에 춤을 추고 있었다. 물기 머금은 나무와 숲은 아침 햇살에 눈이 부시고 신록의 숲을 스쳐온 바람은 목이며 가슴을 휘어 접고 간지럼을 태우고 있었다. 진달래며 벚꽃은 자취를 감추었으나 신록의 바람만은 향기로웠다.

석굴암 앞에서 잠시 숨을 돌리고 우이령 숲길로 들어섰다. 모래 섞인 흙길은 물을 머금어 촉촉이 젖어있었고, 딱따구리며 딱새며 멧새도 산다는데 오늘따라 산까치 한 마리도 보이지 않고 어디론가 마실 나갔는지 숲길은 적막하기만 하다. 나무며 숲길을 따라 흐르는 물줄기마저도 세상의 슬픔을 아는지 숨소리를 죽이며 살랑거리고 있다. 숲길의 정적이 오히려 편한 마음이다. 삼삼오오 짝을 이룬 일행들도 말수가 적어 침묵의 산행길이 되고 있었다.

1시간 남짓 지나 전망대에 올랐다. 오봉산 능선 따라 오봉(五峰 660m)은 빼어났다. 오봉의 다섯 꼭지는 무슨 조화이며 어디서 왔는지, 다섯 형제가 원님의 예쁜 딸을 차지하기 위해 돌 던지기 시합을 하다가 생겼다는 전설이 있을 뿐, 그 곡절은 알 수가 없다고 한다.

시간이 흐르는 동안 전망대 부근의 쉼터엔 일행들이 모여들고 그때서야 왁자지껄 소음들이 판을 치고 있다. 대략 100여명은 되어 보였으며, 90세가 넘은 대선배도 이곳까지 올라 오셨다. 서로가 눈을 맞추고 손을 잡으며 반가운 인사들로 반가움이 쏟아지고들 있었다.

이윽고 산행에서 식사 시간은 더 할 나위 없이 즐거운 시간이었다. 소풍 나온 어린 학생 시절로 돌아가는 노장들의 함박꽃 웃음소리가 봉우리 봉우리마다 울려 퍼지고 있었다. 이렇게 화창한 4월의 마지막 날의 산행은 즐거운 숲길의 여행이었다.

남산 기행

고교 동창들 끼리 모인 36산악회에서 신년초의 월례 산행에 나섰다. 아직은 을씨년스런 바람에 두툼한 등산복 차림으로 명동역에 모였다. 오랜만에 만나 친구들의 껄껄대는 웃음소리와 눈과 손의 정담이 한 아름씩 피어나고 있었다. 싱글로 나온 친구들은 부부 동반한 친구들이 마냥 부러운 듯 조크 아닌 조크가 쏟아지고 서로의 안부와 관심사들이 난무한 아침 시간.

삼삼오오 짝을 이룬 등산객들과 우리 일행들은 오순도순 정담을 나누며 좁은 주택가 골목길을 따라 산을 오르고 있다. 싸늘함과 지난 밤 내린 눈이 녹아 습기를 가득 머금은 계단은 미끄러워 안절부절 중턱에 올라서니 안중근 의사 기념관과 비가 서 있다.

국가안위 노심초사(國家安危 勞心焦思) ; 나라안위 걱정에 애를 태운다
견리사의 견위수명(見利思義 見危授命) ; 이익을 보면 정의를 생각하고 위급함을 보면 목숨을 바쳐라

오석에 새겨진 가슴 뭉클한 글씨며, 혈서로 박인 "대한독립(大韓獨立)"이 태극기와 함께 안중근 의사의 좌상이 우리를 맞는다. 옷매무새를 가다듬고 머리 숙여 묵념을 한다. 1909년 10월 26일 아침 9시 30분 하얼빈역 플랫폼에서 울려 퍼진 6발의총성, 이토 히로부미를 향한 육혈포의 포효. 생각만하여도 가슴이 조여 오며 찡한 전율이 몸서리쳐진다. 기념관의 박재된 유리장 속엔 조상의 얼이 살아 숨 쉬고 있었다.

몇몇 친구들은 다음 주에 손자 녀석들을 데리고 꼭 와봐야겠다며 안 의사의 전기를 한 권씩 사들고 나온다.

참으로 맑은 햇살이 쏟아 붓고 확 트인 정상아래 케이블카가 관광객을 나르고 있다. 한가롭고 조용한 정상엔 타워가 우뚝 서 사방을 향한 꽃바람을 날리고 있다. 남산, 서울의 중심이요, 서울의 핵이며 대한의 표상이 아니던가.

봉수대 팔각정을 따라 내려오는 길엔 가지마다 흰 꽃이 피어 비탈을 스쳐온 바람이 아직은 차갑다. 남산, 우리는 지척에 둔 산이라서 그토록 무심했나보다. 모두가 한숨석인 반성을 쏟아 내며 역사와 서울을 사랑하는 계기를 만들었나 보다.

역사의 단상

36 산악회의 5월 산행은 인왕산으로 정했다. 일행들은 아침 일찍 가벼운 등산복 차림으로 독립문광장에 모여들었다. 청명한 날씨에 산들바람은 우리들 가슴을 부풀게 하기에 충분하였다. 삼삼오오 짝을 이룬 일행들은 서로들 일상을 토하며 왁자지껄 웃음꽃을 피우는 순간 회장이 등단에 올라서 오늘의 일정을 말하고 있었다.

산행에 앞서 서대문형무소의 역사관을 둘러보기로 한 것이다. 산행과 역사관 방문은 전혀 맞지 않는 스케줄이라는 생각들에 모두들 의아한 표정들이다. 그러나 집행부에서는 국제사회의 동정과 한국인들의 자성을 의미하는 측면에서 결정한 것이다. 마침 일본의 아베 정부는 군군주의 침탈과 위안부 사건의 부정으로 세계 여론의 질타를 받고 있는 시점이라 우리 국민들의 새로운 각성을 일으키기 위한 결정이었을 것이다.

독립문과 서대문형무소는 땔 레야 땔 수 없는 불가분의 관계이다. 1908년 10월 경성감옥으로 시작된 독립투사들의 처절한 고문의 현장이다. 지하 벙커에는 손톱 찌르기, 쇠도리깨, 녹슨 수갑, 쇠못 박힌 상자 고문, 선채로 감금하는 벽관 고문, 혹독한 고통의 흔적들이 섬뜩하게 살아나는 현장이었다. 3,1 독립운동 무렵에는 3천여 명이 수감되었으며 4백여 명의 애국선열들이 순국했다고 한다.

망국(亡國)도 고통이며, 애국(愛國)도 고통인가 보다. 나라 잃음이 고통이듯 나라 사랑 또한 고통이 분명한듯하다.

역사의 고통을 되뇌기는커녕 역사 잊은 백성은 되어서는 안 된다는 사실을 새삼 깨닫는 순간이기도 하다. 사형장 입구엔 하늘을 찌를 듯 서있는 한 그루의 통곡의 미루나무(1923년 식재)는 아침 햇살에 반짝이며 묵언(默言)의 시위를 하 듯 조국에 그리고 국민에 암시의 암시를 전하고 있는 듯하다.

그때의 말 못할 고통, 충격 그리고 사지가 떨리는 현장을 목격하며 애국선열들의 통곡의 울부짖음을 보았을 것이며, '그대들의 죽음이 결코 헛되지 않으리라'는 믿음과 위로를 전했을 것이다. 아침부터 참으로 숙연한 조국 독립의 현장을 돌아보고 새삼 새로운 각오와 각성의 자세로 역사를 인식하는 순간이기도 하였다. 일행들은 누가 먼저라고 할 것 없이 한결같은 애국애족의 말들을 쏟아 부으며 비탈진 산행 길을 오르고 있었다.

오밀조밀 붙어있는 산동네며 앙증맞은 텃밭의 상추며 고추며 가지 등의 봄 작물이 정겨운 길을 따라 가파른 계단을 오르고 있었다. 인왕산 기슭의 산골 마을은 토속신앙과 무속의 동네였다. 꼬불꼬불 집집이 암자였고, 대자연과 부대기며 살아가는 민초들의 냄새가 물씬 나는 곳이기도 하였다.

동네를 빠져나오자 선바위(해골바위)가 앞을 가리고 서 있었다. 이 바위는 아기를 낳고자하는 사람의 소원을 비는 곳이기도 하였다고 한다. 선바위 뒷머리엔 아직도 일제의 만행인 쇠못이 군데군데 박혀있어 보기도 민망할 정도의 흉물의 흔적들이 남아있다. 아직도 우리 정부는 정신을 못 차린 것인지 그 만행의 흔적을 그대로 남겨두고 있었다. 속히 제거해 내고 그 자리에 표지석을 세워 일제의 만행을 알릴 수 있었으면 하는 마음이다.

오늘의 산행은 역사탐방과 함께 진행한 터라 인왕산 정상은 오를 수 없었으나 어느 누구 한 사람 불평불만 없이 반쪽 산행의 일정을 마치고 서대문 뒷골목의 아늑한 식당에서 구수한 된장찌개에 돌솥밥이며 막걸리의 향연이 일품이었다.

허경균

정(情)/ 인연/ 소나무
제비의 추억/ 뿌리/ 시장
한글의 미/ 이슬/ 다듬이질
봄/ 여름 손님/ 얼굴바위
선(禪) 바위/ 옥동천(玉洞泉)
솟대/ 지팡이

▎서울 종로구 옥인6가길 25 4층 403호(누상동)
▎HP. 010.4853.2570/ 02.732.2570

정(情)

삶에는 알게 모르게
갖가지 사연을 담고 있음을 느낀다

슬픔도 기쁨도
무심함도 지나친 관심도
양면성을 보면서 살아간다

허나,
잊을 수 없는 사연은
미운 정 고운 정
가슴에 담고 살아온 고향의 마음이다

기쁨은 나눌수록 커지며
슬픔은 나눌수록 가볍다는 진리
더불어 사는 인성의 베풂이 아니겠는가

인연

생각과 뜻이
하나로 마주칠 때
우연과 필연을 논한다

순수의 바램이 우연이라면
순수의 제곱이 필연이듯이

내가 너이고
네가 나인
우리는 하나인 것이
인연이고 필연인가 한다

이는 슬픔도 기쁨도
성공도 실패도
고난과 행복의 시간도
하나 일 때만이 존재하는
일상이다

소나무

사시사철 풍상의 한을 겪으며
하늘을 받쳐 든
솔잎의 향연

세상의 빛을 찾아
지상의 등대를 자청한 푸르른 몸짓들
청정(淸淨)과 정기(精氣)를 뿜어낸
네가 향기롭구나

숲을 떠나 지상을 섭렵한 너
찌든 때 벗겨가며
방황의 길 찾는 미아처럼
청산을 맴도는 구나

은하에 비친 맑은 세상
네가 있어 존재하니
푸르디푸른 향 마음껏 뿜어 다오

제비의 추억

동토(凍土)에 물기가 서려
움트고 솟아난 봄 내음이 향기로운 날
화신(花信)따라 날아든 강남제비

흙을 물어 신혼집을 짓고
아기자기 사랑놀이로
새 생명 얻어놓고

지지배배 지지배배
하늘을 날고 땅을 기어
먹이를 나르는 어미의 정

시골집 처마 끝에
고운 꿈 걸어주신
아버님이 그립다

뿌리

비탈진 언덕배기에
상수리나무 둥지를 틀고 서서
숱한 사연을 머금고 있다

눈보라 태풍으로 쓸려간
옷자락을 벗겨주고
앙상한 핏줄기를 드러내
돌 바위를 움켜쥐고 안간 힘을 쏟고 있다

그러면서도
새 생명 잉태할 꿈을 꾸며
갖은 떡잎을 앞세워 상수리 알을 낳아
토끼며 다람쥐며 야생의 먹거리를 만들어 주고
때론 인간의 삶을 돕고 있다

사랑 그리고 배려의 힘
뿌리는 생명의 근원이며
인류의 기틀이다

시장

옛날엔 고을마다 5일장이 열렸다
먹고, 입고, 쓰는, 일상의 물건들
소, 돼지, 개, 닭 등 다양한 동물들이며
때론 난생 처음 보는 희귀한 것들이
눈요기를 자아내며 즐거움을 주더니

요즘 세상엔 슈퍼마켓, 이마트, 백화점 등
다양한 대형 마트가 판을 치며
시장과 가계의 개념이 없어지고
언제 어디서나 무엇이든 사고파는
전천후 마켓

사람 사는 세상
부대기며 고르고 들추고 넘나들며
흥정하는 재미가 인정이련만

생각나는 대로, 잡히는 대로
손수레에 집어넣고
일렬종대 줄을 서서
카드만 쓰는 세상
이것도 사람 사는 세상이련가

한글의 미

생각과 뜻이 소리와 말로 전해졌으나
그 뜻을 기록할 수 없어
역사가 미급한 시절

어리석은 백성을 위한 세종대왕
28자 훈민정음을 맹가노니
ㄱ, ㄴ, …
ㅏ, ㅑ, …
닿소리와 홀소리
다정한 조화로 한글이 탄생하여

세기의 문화유산
우리의 자산일세

글자있어 멋 부리고자
붓과 벼루 탄생하고
너도 나도 멋 세우려
한 획, 한 획, 선을 그어
한글의 미를 자랑하네

이슬

고요가 깃든 밤이면
살며시 내려앉은 방울들
물은 물인데
물 같지 않은 물

숲이며 꽃잎이며 나뭇가지를 젖는
오묘한 신비의 결정체
바람과 빛이 스치면
조용히 사라지는 저 가련한 존재

그러나 뭇 살아난 곤충들의 유일한 생명의 원천
맑고 맑은 순수의 빛
푸르름과 향 짙은 단아한 미소

먼동이 트기 전
스스로를 불살라 날려 보내는
저 순결한 여인은 누구인가

다듬이질

길고 긴 밤이면
마주앉은 고부(姑婦)간의 정(情)이
담을 넘고 있다

똑딱똑딱 똑딱똑딱
어김없는 장단에
주름을 펴 살찌우는
온갖 의류며 이브자리들

옛날의 정취가 살아 돌아온
저 정겨운 조상의 지혜를
어이타 잊으려만 하는 젊음의 가련함들

이제는 박물관의 골동품으로 전리된
사랑의 전설
닳고 닳아 반질대는
어머니의 유품이다

봄

동토(凍土)의 계절을 지나온 바람이
인고(忍苦)의 탈을 벗고
미풍을 날리는 순간
산야는 푸르름을 간직한 채
심한 호흡을 들어 마시고 있다

달팽이며 개구리며
풀벌레 곤충들이 허공을 날고
지상엔 꽃 향이 넘실대며
여인네의 옷깃을 벗기고 있다

시간과 공간이 바뀌고
옛것과 새것이 뒤바뀌는 순간에도
오직 변치 않는 인명은 재천

화사함으로 인한
희망이 부풀어 오르듯
삶의 지혜와 교훈
사상과 철학이 살아 숨쉬는
날이 되었으면

여름 손님
— 메뚜기

철따라 찾아 온 손님
방아깨비, 여치, 메뚜기 친구들

푸른 잎 볏단을 날고
굴곡진 논밭을 지나 숲속을 헤매던
기나긴 뜀박질의 다리들

흙과 자연을 등지고
세속의 빌딩 숲에 갇혀
조형으로 인형으로만 날고 서 있는
비련의 주인공들

언젠가 가야할 집념의 시간 속에
숲의 이슬을 머금고 들판을 헤쳐
뛰어 놀 그 먼 먼 고향 땅

살아 숨 쉬는 자연의 품속에
정과 사랑의 귀향을 꿈꾸는
내 품 속으로 오라

얼굴바위

인왕산 자락엔
억겁으로 자리한 풍상의 얼굴이
요동치는 생애를 겪고 있다

숱한 세월
낙조의 후광으로 깃을 세운
저 가련한 모습에서

오늘도
한 사람, 두 사람
세 사람, 네 사람의 형상으로
시공을 추월하며

자비와 자애의 수도자 모습으로 오신
어머니의 표상
은둔자의 모습이다

선(禪) 바위

기다리고 만남이
어찌 우연이랴
인생사 기구한 사연들
차마 떨쳐버릴 수 없어

가던 길 멈추고
세상을 향해 그대로
산기슭의 등대가 되었네

삶이 주는 갖가지 사연들
번뇌와 번민의 해탈을 벗고자
두 손 모아 간청하는 소원들
자비가 흐르네

비울수록 넘치는 삶
바랄수록 끝없는 미련
내면이 낙원이면
천국이 그 곳인데

禪의 수행이 깨우침이 아니던가

옥동천(玉洞泉)

능선 기차바위
은하(銀河)의 천수(天水)를 실어와
사랑을 전한다

첩첩히 쌓인 세월의 암벽 속엔
생성으로 얼룩진 청정수가 흘러
오가는 이의 목을 적시며

산객에겐 갈증을
심신이 고단한 이에겐 활력을 전하는
옥로수(玉露水)의 영천(靈泉)은
하늘이 주는 혼령(魂靈)이다

솟대

봄, 여름, 가을, 겨울
비바람 소나기도, 태풍 번개도 무섭지 않는
백설의 강풍도, 한밭의 폭설도 두렵지 않는

저 가지 끝에 매달린 생명들
떠날 줄 몰라
외줄로 서서 졸음만 울고 있다

날개 잃은 외기러기처럼
님 기다리는 소쩍새처럼
목 놓아 눈물지며
소원을 빌고 있다

멀리 떠나간 인연들
소중한 상처들
하나하나 가슴에 아로 새겨
꿈으로 태어날 그 날의 추억들

높은 솟대에 앉아 날개 펼 날 기다린다

지팡이

꿈으로 엮인 청춘은 가고
세월에 묶인 인생은
한숨을 내쉬며 헉헉 거리는 삶이다

산을 오를 때나
삶을 지필 때나
곁을 지켜준 푸르른 생명들
나무이고 아내이며 자식들의 기둥들
생의 지팡이가 아니던가

즐겁고 행복할 땐
까마득히 잊었다
힘들고 어려울 땐
찾아나서는 힘의 기둥
두 다리를 버텨 준 또 하나의 다리

허기진 삶에
힘과 행운을 엮어준
너는 내 친구
내 한 몸이다

가슴에 피는 꽃

사화집

지 은 이 | 강귀복 외 12명
펴 낸 이 | 정찬우
펴 낸 곳 | 도서출판 밀레
주 소 | 서울 서초구 효령로 53길 18, 210호
(서초동 석탑오피스텔)
TEL : (02)588-4671~2
FAX : (02)588-4673

등 록 | 2004년 12월 15일 제2-4078호
발 행 일 | 2014년 10월 30일

값 12,000원
ISBN 978-89-97815-10-4